WOGUO FANGDICHAN HONGGUAN TIAOKONG ZHENGCE
XIAOGUO YANJIU

我国房地产宏观调控政策
效果研究

牛静敏 著

九州出版社
JIUZHOUPRESS

图书在版编目（CIP）数据

我国房地产宏观调控政策效果研究／牛静敏著．－－北京：

九州出版社，2020.5

ISBN 978-7-5108-8856-4

Ⅰ．①我… Ⅱ．①牛… Ⅲ．①房地产业－宏观调控政

策－研究－中国 Ⅳ．① F299.233.1

中国版本图书馆 CIP 数据核字（2020）第 012693 号

我国房地产宏观调控政策效果研究

作　　者	牛静敏 著
出版发行	九州出版社
地　　址	北京市西城区阜外大街甲 35 号（100037）
发行电话	（010）68992190/3/5/6
网　　址	www.jiuzhoupress.com
电子信箱	jiuzhou@jiuzhoupress.com
印　　刷	武汉市籍缘印刷厂
开　　本	710 毫米 ×1000 毫米　16 开
印　　张	12.75
字　　数	208 千字
版　　次	2021 年 5 月第 1 版
印　　次	2021 年 5 月第 1 次印刷
书　　号	ISBN 978-7-5108-8856-4
定　　价	68.00 元

本书是广东省哲学社会科学规划 2020 年一般项目，《广东省共有产权住房政策实施绩效评价及政策优化》（项目编号：GD20CYJ37），部分成果。

自 序

　　房地产不仅具有消费特性还有投资特性；既关系到百姓的日常生活，又会对整个国民经济产生重大的影响。从 1978 年理论界提出"住房商品化"到现在，房地产市场经过了四十多年的发展，在取得巨大成绩的同时，也出现了许多问题。为了房地产市场的健康平稳发展，针对房地产市场出现的一系列问题，中央政府通过一系列政策对房地产市场进行宏观调控，弥补市场的不足。调控的目标归结起来可以分为解决社会的公平和效率这两个问题。虽然多数情况下公平和效率不能同时满足，甚至在有些情况下是相互矛盾的，但是既没有达到公平又没有实现效率的政策无疑是失败的。从目前来看，并不是所有的宏观调控政策都达到了应有的效果，究其原因，主要是忽略了房地产市场不同主体之间的利益关系。本书主要采用博弈论分析方法，在分析我国不同阶段调控政策及效果的基础上，对我国房地产市场不同主体间的博弈进行了分析，同时借鉴世界上其他国家的经验，对我国房地产市场的未来调控政策给出了针对性的建议。

　　中央政府调控房地产市场的手段主要有：总政策、税收政策、土地政策、信贷政策和其他行政手段。虽然各界对不同手段对房地产市场的影响程度及效果没有达成共识，但都认为这些手段会对房地产市场产生影响。通过对 1978 年到 2010 年我国中央政府关于房地产市场的调控政策进行分析，发现可以主要分为以下几个阶段：1978—1992 年，促进房地产市场发展阶段；1993—1997 年，控制整顿房地产市场阶段；1998—2002 年，大力发展市场阶段；2003—2008 年，紧缩调控阶段，抑制房地产房价快速上涨；2008—2009 年 5月扶持房地产政策；2009—2014 年 8 月，抑制商品房，发展保障房；2014 年 9月—2017 年 9 月，去库存阶段；2017—2020 年，紧缩调控阶段。中央政府对房地产市场的调控目标变化沿着这样一个路径：最初的培育房地产市场，大力发展房地产市场，将房地产作为国家经济发展的支柱产业，到逐渐淡化房地产业的支柱产业作用，注重满足中低收入家庭的住房需求，强调其保障功能。专项调控包括限购、房地产税以及保障性住房建设，这些措施取得了一定的成效，还需要进一步深化。我国财政政策演变使地方政府财政收入与财政支出不对等，导致地方政府对房地产降温没有动力。分析发现，在调控过程中，中央政府对房地产市场的其他主体，如地方政府、消费者和开发商等，在市场中的目标和反应考虑不足，并不同程度地影响到调控的效果。

通过对世界上其他国家的宏观调控政策分析可以发现如下经验：①房地产市场调控可以坚持市场和行政同时作用，对高收入人群，主要由市场来满足他们的需求，中低收入人群的住房问题，主要由政府来进行行政干预满足。②建立政府主导的住房保障机制和好的土地制度有利于房地产市场的健康发展。③房地产税收并非越简单越好，因为税收制度越简单，调控效果可能越不理想。④廉租房制度对保障低收入人群的住房发挥了重要的作用，也满足了部分人群的住房需求从而达到抑制房价上涨的目的。保障城镇低收入人群的租房需求，可以通过提供租房补贴，对建设廉租房的开发商进行补贴和税收倾斜，扩大廉租房的住房来源。⑤住房公积金制度有利于储户的多元需求和注重借款人的支付能力，并且为住房资金提供了稳定的来源，成为一个有效解决资金问题的途径。⑥信息披露制度减少了房地产的信息不透明。当然也得到如下教训：宽松的货币政策下，如果国内其他行业盈利增长远远落后于房地产行业，会促使资金流向房地产行业，进而形成泡沫，而不断膨胀的泡沫是经济可持续发展的潜在威胁。

房地产市场中不同主体的利益是不同的，通过对不同主体间的博弈分析发现：房地产开发商通过信息的释放来影响消费者对未来房地产市场的判断；地方政府通过拍卖手段可以使土地交易价格不断上涨，从而获得更多的收益，但同时也推动房价的不断上升；中央政府无法获得足够多的信息来精确地调整每一时刻的市场走向，中央政府需要在房地产商的决策之后才能够得出自己的效用函数从而判断自己的决定是否正确；当地方政府与中央政府目标相同时，地方政府会支持中央政府的政策，如果不一致，地方政府就会不尽力执行或者根本不执行政策；以及消费者消费行为受到中央政府对房地产调控政策信息的影响。

房地产市场应该以市场自身调节为主，宏观调控为辅。市场调节能够引导资源的高效配置；调控则是实现各相关主体权利、利益的平衡，实现房地产市场的健康平稳发展。本书同时提出以下针对性的建议：①深化户籍制度改革。全国统筹推进社会保障制度，向农村地区倾斜。弱化户籍制度与社会保障制度资源分配的联系；取消户籍对选举权的限制，改为工作或生活所在地的选举权，强化民众的监督作用。②加强土地资源管理，政府保留对土地的最终控制管理权，但政府不干预企业、事业单位和个人的土地所有权。③加强房地产市场信息平台建设。对房地产市场数据的深层次挖掘和利用，为房地产市场相关决策分析系统提供数据支撑。④完善房地产供给体系。通过各种途径增加保障性住房的来源。⑤完善住房公积金制度。扩大住房公积金的覆盖面，拓宽公积金贷款政策和贷款条件。⑥完善房地产税收制度。合理确定不同主体的税收负担；合理划分税收的分配关系。

　　本书的出版得到佛山科学技术学院经济管理学院罗锋院长的帮助，受到广东省社会科学研究基地创新与经济转型升级研究中心的资助，还受到佛山科学技术学院交叉学科地方政府视角下公共租赁住房供给 PPP 模式应用研究（项目编号：2019xw103）的支持，在此一并表示感谢。

目 录

第1章 导言

◎ 1.1 研究的背景及意义

1.1.1 背景

随着经济发展水平不断提高和我国城市化率的提升，房地产行业已经成为影响国民经济发展的重要行业之一。但在发展过程中也出现了很多问题，为了使我国房地产市场健康持续发展，中央政府运用了很多手段进行宏观调控，但是实际效果与预期总是存在较大的差距。

如为了调控房地产市场的价格，中央政府关于调控房地产市场的政策有土地政策、税收政策、信贷政策等，全面统计有上千条，可是调控效果似乎没有达到预期。

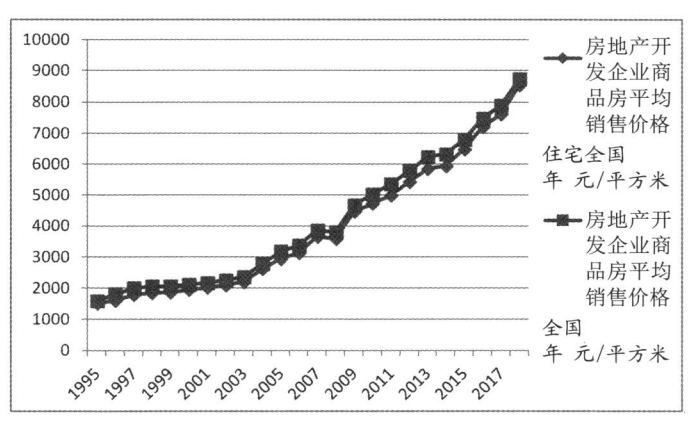

图 1-1 1995—2019 年全国房地产销售价格走势（数据来源：中经网数据库）

从图 1-1 可以看出，从 1995 年到 2019 年，全国房地产开发企业住宅价格和商品房平均销售价格均处于上升趋势。分为四个阶段，第一阶段，从 1995 年到 2003 年是缓慢上升趋势；第二阶段，从 2004 年到 2008 年，加快上升趋势；

第三阶段，从 2008 年到 2013 年，直线上升趋势；第四阶段，2014 年到 2018 年，上升趋势稍微缓慢阶段。因此，虽然中央政府一直在致力于稳定房地产市场，但是结果却并不理想。2020 年年初，新冠肺炎暴发，房地产受到了前所未有的冲击，对于今后中央政府应该如何调控房地产市场，使其达到预期的效果，是一个严峻的考验。

1.1.2 研究意义

房地产业关系国计民生。从住房制度改革以来，我国房地产市场发展经过了二十多年的历程。房地产的飞速发展，不仅极大地改善了我国人民的居住条件，更对国民经济产生了巨大的影响。房地产市场的健康发展关系到国家经济和社会稳定，对当前建设和谐社会有重要的现实意义。

在我国，房地产行业对国民经济增长有重要影响。一方面，房地产有很强的产业关联效应。向前它连接了建筑业、交通业、金融业、商业、服务业、文化娱乐业和其他行业，向后它关系到建材业、钢铁业、水泥业、化工业、机电业和其他等行业。同时房地产行业也关系到城市面貌、旅游购物、生存环境和生活水准[1]。2018 年年底，我国城镇单位就业人员为 17258.2 万人，其中从事房地产业的有 172.7 万人，建筑行业有 2710.87 万人，两项合计占到总就业的 16.7%[2]。另外，房地产是衣食住行中很重要的一环。只要人们维持生活和生命的延续，就有住房需求，同时住房质量条件的好坏，是与一个地区经济发展紧密相关的。经济越发达，对住房条件的要求就越高。

然而，我国房地产市场的发展过程中还存在许多问题，这些问题不仅将影响到房地产市场的稳定，也将影响到我国整体经济的稳定发展。房地产市场是一个非常复杂的市场，它的主要利益主体是中央政府、地方政府、开发商和消费者。由于房地产行业的特殊性，有很多因素影响房地产价格的波动。同时我国房地产市场发展很多方面处于探索阶段。而国外很多资本主义国家房地产市场已经有上百年的发展史，相对比较成熟，他们的成功经验和失败

---

①钱国靖. 房地产经济学 [M]. 北京：中国建筑工业出版社，2010,1-8.
②数据来源：中经网数据库。

教训都可以供我们借鉴。针对我国房地产市场存在的问题，理论界进行了各种各样的分析，并得出了各式各样的结论。本文从政府宏观调控的政策效果分析，之后从博弈论的角度来进行解释调控效果好坏的原因，为中央政府今后引导房地产市场持续、健康地快速发展提供理论依据，同时借鉴其他国家的房地产市场调控经验，对我国中央政府未来如何调控房地产市场提出了针对性的建议。

◎ 1.2 相关概念的界定

本研究中主要涉及的相关概念有房地产、商品房、别墅、保障性住房、经济适用房、廉租房、限价房、共有产权住房、公共租赁住房等。

房地产①是指土地、建筑物及固着在土地、建筑物上不可分离的部分及其附带的各种权益。同其他商品相比，房地产具有如下特性：①位置的不可移动性。在经济学上又被称为不动产。土地的不可移动性决定了房地产商品和房地产生产、流通、消费位置的固定性，同时也决定了房地产生产、流通、消费、市场、价格的区域性和不可在全国范围的调剂性。②房地产具有资本和消费两种属性，房地产具有保值和增值的功能。不仅能作为消费用品还能作为投资品投资。

商品房是指在市场经济条件下，房地产开发公司通过法定方式取得土地使用权后经营的住宅，按市场价格出售。商品房是指遵守法律、法规及有关规定，在市场上自由交易的各类商品房屋。

别墅是指享受生活的居所，是第二居所而非第一居所。除满足基本的住宅功能外，更主要体现生活品质及享用特点的高级住所。

保障性住房是指国家为满足中低收入人群住房需求而建设的住宅。无论是购买还是租赁，价格都要低于市场价格。

经济适用房是指已经列入国家计划，由城市政府组织房地产开发企业或者集资建房单位建造，以微利价向城镇中低收入家庭出售的住房。它是具有社会保障性质的商品住宅，具有经济性和适用性的特点。

---

①刘正山.房地产投资分析 [M].东北财经大学出版社，2010，11：4-8.

廉租房是指政府以租金补贴或实物配租的方式，向符合城镇居民最低生活保障标准且住房困难的家庭提供社会保障性质的住房。

限价房是指政府提供的采用竞地价、限房价策略提供的住房。

共有产权住房是指地方政府让渡部分土地收益，低价配售给符合条件的保障对象家庭的房屋。保障对象与地方政府签订合同，约定双方的产权份额以及保障房将来上市交易的条件的所得价款的分配份额。

租赁房是指居民从个人、开发商或者政府手中获得的租赁房。特点是手续简便，适合流动性较大的居民居住。租赁房是很多发达国家人口稠密的城市居民主要的居住形式。租赁住房包括私人和机构租赁住房以及公共租赁住房。公共租赁住房带有社会保障性质。

◎ 1.3 研究目标、研究内容与框架

1.3.1 研究目标和内容

房地产市场的自发调节存在盲目性和滞后性。由于房地产具有保障居民住房福利性质，以及房地产市场存在信息不对称性等多种因素，有些问题不能单纯依靠市场自发调节来解决。房地产市场必须依靠政府来进行不断调节才会弥补市场的缺陷。

我国房地产市场宏观调控已经经历了20多年的时间，站在这个时间节点，对过去的20年的国家宏观调控政策做一个回顾，但是什么情况下进行宏观调控、采用哪些调控手段、如何执行调控政策、如何评价调控效果等一系列问题都会关系到调控的效果。本文主要采用博弈论分析方法，在分析我国不同阶段调控政策及效果的基础上，对我国房地产市场不同主体间的博弈进行了分析，同时借鉴世界上其他国家的经验，对我国房地产市场的未来调控政策给出了针对性的建议。

1.3.2 研究的框架

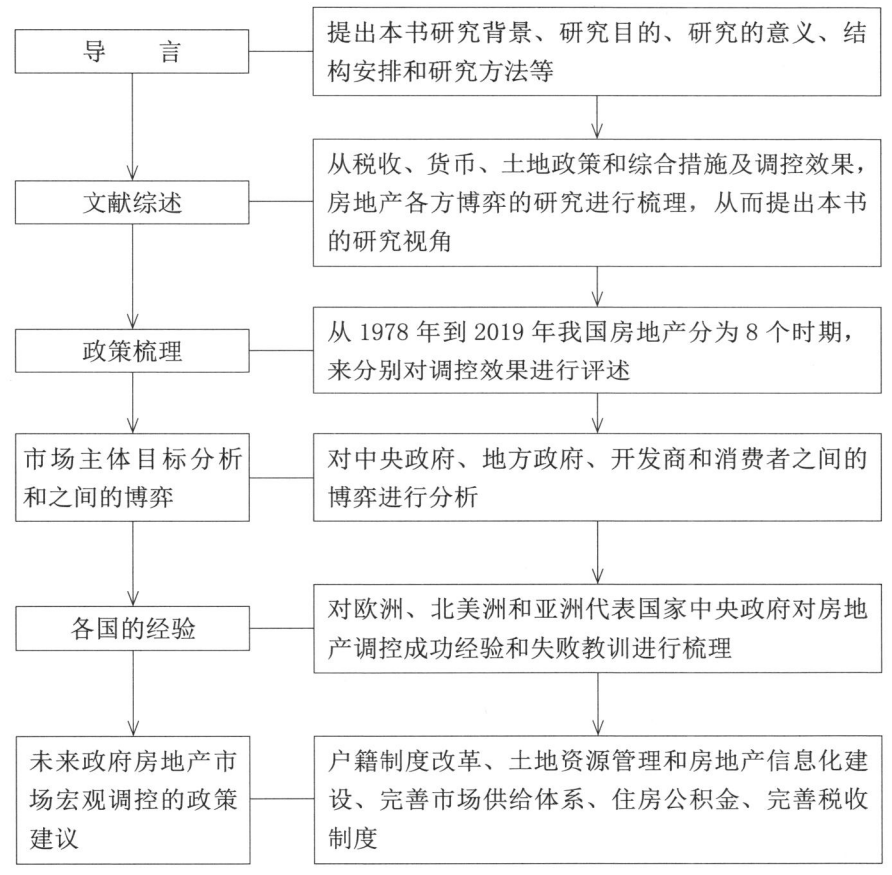

具体章节内容如下：

第 1 章"导言"。主要阐述了研究的背景、研究的意义和目的、研究的内容框架和研究方法，以及研究主要创新点。

第 2 章"国内外研究现状和相关的基础理论"。主要从宏观调控手段及效果、宏观调控存在的问题和原因，以及房地产市场主体间的博弈三个方面对国内外关于中央政府对房地产市场的宏观调控的研究进行梳理。同时阐述了本研究的相关基础理论，主要包括地租地价理论、市场失灵理论、寻租理论和博弈论等。

第 3 章"我国房地产市场发展阶段及调控政策研究"。分析了我国房地产市场体系的构成。依据中央政府调控政策的变化，将我国房地产市场发展划分为 8 个阶段。对每一阶段的调控背景、目标、手段、效果等方面对宏观调控政策进行了分析。

第 4 章 "专项调控措施评价"。主要从限购、房地产税以及我国保障性住房的层次来论述。从数据上说明限购的效果以及限购政策评价。对比了重庆、上海房地产税的规定以及房产税的实施。保障性住房从经济适用房、廉租房、公租房、限价房和共有产权住房。

第 5 章 "我国财政政策演变"。主要分析了我国财政政策体系的演变，包括 1993 年之前的财政政策和 1993 年之后的财政政策，对比中央和地方的财政收入和财政支出。我国土地政策的变化，为房价高找出根本原因。

第 6 章 "我国房地产市场中主体的目标及相互间博弈分析"。主要分析我国房地产市场中不同主体的目标，以及相互之间的博弈。包括中央政府、地方政府、开发商和消费者的目标，以及地方政府与中央政府、开发商与中央政府、消费者与中央政府、开发商与地方政府、消费者和开发商之间的博弈分析。

第 7 章 "发达国家房地产调控措施"。主要分析世界上其他国家对房地产市场的宏观调控手段及效果等。包括英国、德国、法国、美国、加拿大、新加坡、日本和韩国。

第 8 章 "结论与展望"。我国未来房地产市场调控目标体系，主要从户籍制度改革、房地产供给体系、住房公积金、税收、土地等几个方面对未来调控提出相应的建议。给出本书的主要研究结论、主要创新点、存在的不足以及未来的研究重点。

◎ 1.4 研究方法

采用理论研究与实证分析相结合的方法，在理论分析层面，主要采用了非合作博弈理论方法。

博弈论[①]是分析利益关联或冲突中主体行为对局的理论。在经济活动中，

---

①沈琪 . 博弈论教程 [M]. 北京 : 中国人民大学出版社 ,2010.10.

一个参与人的行动策略受到其他参与人行动策略的影响，而且该参与人的行动策略也会影响其他参与人的行动策略。博弈是指两个或两个以上的个人或组织在活动中各自追求自己的利益最大化，但是却不能左右最后结果的一种竞争情况。博弈的要素包括局中人、策略（或行动）、信息、支付和均衡等。局中人活动中直接参与博弈的当事人，具有理性、独立决策的特点。策略是指参与博弈活动的人在进行决策时可以选择的策略所构成的策略集合。支付是指每个参与人为得到利益所需要的成本。

博弈按照不同的标准可以得到不同的分类结果。如按照博弈方之间的关系，分为合作博弈和非合作博弈，现代博弈研究的重点是非合作博弈；按照博弈的次数和参与人行动的先后，分为静态博弈和动态博弈；根据参与人双方之间掌握信息的情况，分为完全信息博弈和不完全信息博弈。其中，静态博弈是指参与人同时选择行动策略并付诸行动，他们互相并不事先知道对方的行动。动态博弈是指参与人行动顺序不同，有先后，后行动者将根据先行动者的行为来做出反应。完全信息博弈是指每个参与人活动中其他参与人的成本和策略有准确了解，如果不是，就是不完全信息。本书主要研究的是非合作博弈、不完全信息博弈和动态博弈。

数据主要来源于国家统计局的官方网站、中经网数据、中国房地产信息网、中国统计年鉴和房地产统计年鉴等渠道。

◎ 1.5 主要的创新点

本书主要的创新点有：第一，对我国中央政府从 1978 年到 2018 年关于房地产市场的宏观调控政策进行梳理，并从调控目标、调控的政策效率和公平等方面来进行评价。第二，对房地产市场利益主体，即中央政府、地方政府、房地产开发商和消费者之间的博弈进行分析，分析各个主体对调控政策的影响方向及影响程度，在此基础上给出调控政策效果变化的原因。第三，从户籍制度改革、土地资源管理和房地产信息化、房地产信息体系、住房公积金、税收等方面，对我国中央政府未来对房地产市场的调控提出了针对性的建议。

◎ 1.6 小 结

房地产行业关联度较强，关系到我国国计民生。研究房地产的政策调控效果对我国中央政府和地方政府今后制定房地产政策具有参考价值。本章对相关概念进行界定，提出研究方法和可能的创新，为问题的进一步深化提供了基础。

第 2 章　国内外研究现状和相关的基础理论

◎ 2.1 国内外研究现状

关于中央政府宏观调控对房地产市场影响的研究有很多，归纳起来主要可以分为以下几条研究主线。即宏观调控手段及效果、调控存在的问题和原因，以及房地产市场主体间的博弈三个方面。

2.1.1 宏观调控手段及效果

1．土地政策

房地产商品是附着在一定的土地上的，土地市场是我国房地产市场的一级市场。对于土地供给究竟是否能引起房价的变动以及是地价引起房价上涨，还是房价引起地价上涨，国内外学者对此的看法不一。20 世纪 70 年代以后，学者认为土地是受到明确利益的代理机构和社会团体的高度组织与支配，土地的生产与分配还取决于政府行为，分区会提高房屋成本（Sagalyn et al.[1]，1983）。房价不受土地供给量的影响，住宅建设的土地供应与市场供应关系并不显著相关（Raymond Y.C.Tse[2]，2008；　Eddie Chi-manHui，2004）。地价是房价的基础，房价是地价的表现，房价对地价有反作用，地价与房价是正相关关系，并且税费率、建筑成本、安置费用和容积率这四个变量影响它们之间的

---

① Sagalyn,Lynne Beyer,Mortgage Lending in older urban neighborhoods:lessons from past experience,*Annals of the American Academy of Political and Social Science*,January 1983,v.456:98-108.

② Tse,Raymond Y. C.；　Webb,James,Housing Markets in China: An Empirical Evaluation of Present-Value Model,*Journal of Chinese Economic and Business Studies*,February 2008,v. 6,iss. 1,pp. 67-75.

关系（高晓慧[①]，2001；Gyourk，Hilber，2002；张泓铭[②]，2007）。房价的上升引起地价的上升，同时地价是房价的成本因素。但是政府在进行土地市场宏观调控时，不应该将地价作为政府直接调控的指标，而应该根据市场条件直接调节土地出让量的大小[③]。在短期内，房价是地价的 Granger 因（宋勃和刘建江[④]，2009）。长期看两者相互影响（况伟大[⑤]，2005；等）。房价长期决定地价（冯邦彦和刘明[⑥]，2006；崔光灿[⑦]，2006）。况伟大（2005）的研究结果是房价与地价之间的关系是分情况讨论的：当供给大于需求时，房价与地价是负线性相关；在供给小于需求时，房价与地价是正线性相关；短期内房价和地价相互影响，长期内地价是房价的格兰杰因。所以要降低房价，一方面短期内增加土地供给，应控制房价和地价过快上涨，另一方面长期应抑制地价的过快上涨。

在我国，土地是全民所有制和集体所有制，在具体土地的使用权的问题上，是由地方政府代理来展开实施的，土地市场还没有完全放开，中国土地要素市场发展缓慢，国家在建设用地的供给上有充分的决定权，土地政策参与宏观调控是中国这一特殊历史阶段的特殊选择（钟京涛[⑧]，2004）。在这种情况下，中央政府通过土地政策能有效地调节土地市场的发展方向，所以中央政府制定土地政策是完全必要的。土地政策是指政府对土地利用方面制定一些规范和政策来调控土地开发的节奏。土地宏观调控的主要政策工具包括供地政策、土地规划、土地税收、土地价格、土地制度改革以及土地行政手段等（丰雷，

①高晓慧．地价和房价的基本关系［J］．中外当地产导报，2001,6．

②张泓铭．增加供给是稳定短中期住房价格的有力手段［J］．中国房地产，2007,4：6-7．

③刘琳，刘洪玉．地价与房价关系的经济学分析［J］．数量经济技术经济研究,2003,7:27-30．

④宋勃，刘建江．房价与地价关系的理论分析与中国经验的实证检验:1998—2007[J]．中央财经大学学报,2009,9:60-66．

⑤况伟大．房价与地价关系研究：模型及中国数据检验［J］．财贸经济,2005,11:56-64．

⑥冯邦彦，刘明．我国房价与地价关系的实证研究［J］．统计与决策，2006,2：72-74．

⑦崔光灿．上海市房价、地价和租金关系研究［J］．中国房地产，2006，4：4-6．

⑧钟京涛．宏观调控中的土地政策分析［J］．中国房地产，2004,9:39-41．

孔维东[1]，2009）。我国土地调控政策体系的内容包括：土地调控的重点是遏制工业用地低成本地过多扩展，从严控制农用地转为建设用地的总量和速度（朱喜君，董军[2]，2010），国外土地政策价值导向是追求公平、注重效率、注重可行性分析（郭益凤[3]，2008）。

关于用土地政策来调控房地产市场是建立在生产要素理论、制度变迁理论、区域差异理论的基础上的。将土地与资本、劳动一样作为生产要素，土地政策就与财政政策和货币政策一样具有宏观调控的作用。对土地政策的修改和重新制定具有诱导性变迁和强制性变迁的特征，同时土地资源在区域上存在绝对差异和相对数量的差异（杨金剑[4]，2008）。经济增长与土地市场相互影响（黄晓宇[5]，2006），政府干预土地市场能够克服市场的缺点、协调市场的外在因素、重新分配稀缺社会资源（David E.Dowall[6]，1994），土地政策，有助于促进经济增长与减缓贫困（克劳斯，2007），运用土地政策参与宏观调控具有可行性和有效性（张素兰，严金明[7]，2009）。较多管制的国家减少了房地产供给的弹性（Mayo et al.[8]，1997），土地供应对总投资、房地产投资以及总产出

①丰雷，孔维东.2003 年以来中国土地政策参与宏观调控的实践 —— 特点、效果以及存在问题的经验总结 [J]. 中国土地科学，2009,10:8-13.

②朱喜君，张强，董军.试论运用土地政策参与宏观调控 [J]. 吉林农业大学学报，2010,32（s）:79-81,85.

③郭益凤. 国外土地政策研究的新变化 [J]. 东北农业大学学报（社会科学版),2008,6(3).

④杨金剑.浅析土地政策参与宏观调控的理论基础及其意义 [J]. 时代经贸，2008,8:3.

⑤黄晓宇.蒋妍，丰雷，土地市场与宏观经济关系的理论分析及实证检验 [J]. 中国土地科学，2006,4:2-8.

⑥ Dowall,David E.,Urban Residential Redevelopment in the People's Republic of China,November 1994,v. 31,iss. 9,pp. 1497—1516.

⑦张素兰，严金明. 土地利用规划视角下土地政策参与宏观调控的作用机制 [J]. 经济体制改革,2009,4:56-59.

⑧ Malpezzi,Stephen； Mayo,Stephen K.； Getting Housing Incentives Right: A Case Study of the Effects of Regulation,Taxes,and Subsidies on Housing Supply in Malaysia，Land Economics,August 1997,v. 73,iss. 3,pp. 372-91.

具有显著影响，紧缩的供地政策对抑制投资过快增长，防范可能出现的经济过热起积极作用（丰雷，孔维东，2009）。土地政策能够调控经济增长，调控产业结构，调控经济布局（刘莹[①]，2009）。我国土地调控约束了固定资产投资的过快增长，促进了产业结构调整与优化，促进了区域发展格局优化和区域协调发展，土地节约集约利用政策强化促进了经济发展方式的转变（杨得兵[②]，2009）。

我国土地政策的运用大多是以往政策的延续；一些政策重复且出现频率高，但是效果不好，政策以短期措施为主，并且一揽子措施集中控制，政策的时滞效用明显（丰雷，孔维东，2009）。今后土地政策制定和实施的原则包括与国家财政货币政策、国家产业政策、国家区域发展政策相结合（朱喜君，张强，董军，2010）。实证表明地方政府利益驱动、微观执行基础缺失或不足和政策协调性不足是导致土地政策有效性有待进一步提高的原因（张换兆[③]，2010）。保障发展用地需求，开展土地管理创新，加快法律和制度的完善，完善土地宏观调控中的公众参与和监督机制，提高用地效率（杨得兵，2009）。当前的土地供给政策应"因地制宜"，短期内三四线城市要适当减少土地供给，长期一二线城市应尽量增加土地供给以降低地价和房价[④]。

当前的土地政策以及房地产市场的调控中依旧存在一些缺陷和问题，没有有效地重视土地政策的价值。土地政策对于房价、房屋竣工面积以及房地产开发投资的干扰中，土地购置面积、土地截留面积以及地价产生的作用都在不断削弱，与此同时在发挥影响的过程中也呈现一种滞后效果（林秀琴[⑤]，2019）。土地管制会对房价产生积极的影响，房价将会随着人为的土地管制而

① 刘莹. 试论土地政策参与宏观调控 [J]. 管理观察，2009,13：28-29.
② 杨得兵. 我国宏观调控下的土地政策分析 [J]. 河南商业高等专科学校学报，2009,3:15-17
③ 张换兆. 中国土地政策有效性研究 —— 基于土地供应的实证分析 [J]. 制度经济学研究，2010,2:116-137.
④ 刘建丰，潘英丽. 中国新房总量生产函数与土地供给政策变化效应 [J]. 财经研究，2020-4-13.
⑤ 林秀琴. 土地政策在房地产调控中的作用 [J]. 住宅与房地产，2019，11：19.

波动（Moran，2007）。房价、房地产开发投资以及房屋竣工面积的影响上，土地购置面积、土地截留面积、地价的作用大小分别有所降低，而且有一季度之后，土地政策对房地产的调控上发挥着一定的作用，但作用的大小存在很大的波动。从整体效果上看，土地政策分别对房价、房屋竣工面积以及房地产开发投资的影响小于 3 个指标自身的影响（田国元[1]，2017）。土地政策对房地产行业影响深远，房价在一定程度上受土地供应量影响，土地供应量会影响房地产市场的整体规模（陈艳[2]，2017）。土地价格是房地产增值的根本原因（王超[3]，2014）。现有的土地制度下，地方政府面临来自工业用地和商业用地需求方的差异选择，这种供地结构的扭曲将导致房价上升（张莉等[4]，2017）。

2. 金融政策

货币政策对房地产价格有很大影响（Eunkyung Kwon[5]，1998），房价上涨与银行的金融支持有关（周京奎[6]，2006；易宪容[7]，2007），房地产市场与金融市场存在双向因果关系，房地产投资实际完成额与货币供应量、银行信贷是正相关，银行信贷与房价是正相关（Hofmann，2001）。房地产信贷膨胀是拉动房价上涨的原因之一（薛磊[8]，2006）。银行资金向房地产市场聚集，使国内房价高涨，使市场产生了泡沫。政府对住房价格的隐性担保，更加剧了住宅价格的上涨（易宪容，2007）。商业银行向房地产业的大量信贷资金投入，推动房屋销售价格持续走高（廖湘岳，戴红菊[1]，2007）。银行信贷扩张为房价的上

---

①田国元 . 土地政策在房地产调控中的政策效果评价 [J]. 山西建筑，2017,12：257-258.

②陈艳 . 试析国家土地政策对于房地产的影响 [J]. 中国国际财经，2017：190-191.

③王超 . 宏观政策对房地产价格影响的作用机理研究 [J].2020：54-57.

④张莉，年永威，皮嘉勇，周越 . 土地政策、供地结构与房价 [J]，经济学报，2017(3):91-118.

⑤ Kwon,Eunkyung,Monetary Policy, Land Prices, and Collateral Effects on Economic Fluctuations: Evidence from Japan[J]. Journal of the Japanese and International Economies, September 1998, v. 12, iss. 3, pp. 175-203.

⑥周京奎，利率、汇率调整对房地产价格的影响—基于理论与经验的研究 [J]. 金融理论与实践 ,2006,12:3-6.

⑦易宪容 . 存款准备金率上调会否拖累房市 [J]. 上海经济 ,2007,1:8.

⑧薛磊 . 房地产信贷对房地产价格影响的实证分析 [J]. 广西金融研究 ,2006,4:33-37.

涨提供支撑，而信贷过快增长的原因是货币供给的过快增长和低实际利率、高存贷利差（肖本华[②]，2008），信贷投向失当、信贷投量控制乏力和信贷对象筛选不严谨是造成近年来房价上涨过猛的原因（吴龙龙、黄丽明[③]，2006）。银行信贷并不是房价上升的根源，房地产价格是造成银行信贷的成因（江彤[④]，2007）。直接管制不动产融资增长是日本房地产泡沫破裂的直接原因（唐元璋[⑤]，2004）。在房地产市场有泡沫时，政府采取提高利率政策或控制房地产信贷总量，包括控制商业银行对房地产的信贷政策，这对控制房地产价格，减少房地产价格泡沫从理论上看是正确的（许承明，王安兴，2006）。

利率变化对房地产价格有负向影响，但其影响在长期内逐渐减弱，并最终回归到原点（王来福、郭峰刚[⑥]；2007）。利率对抑制房价效果不明显，但货币供应量对房地产价格有一定的影响（罗国兵[⑦]，2007）。在通胀的条件下，短期中央银行实际贷款利率、存款准备金实际利率、一年期商业贷款实际利率对房价是负向影响，在长期商业贷款实际利率对房价正向影响，一年期存款实际利率在长期和短期都对房价有负向影响（宋勃，高波[⑧]，2007），利率和首付比例是影响房地产市场价格的重要因素，提高贷款利率和首付比例是政府调控房价快速上涨的首选措施（张继彤，蓝昊[⑨]，2007）。实际利率对各个区域

①廖湘岳，戴红菊．商业银行贷款与房地产价格的相关性分析 [J]．江西金融职工大学学报，2006,6:38-41.

②肖本华．我国的信贷扩张与房地产价格 [J]．山西财经大学学报，2008,1:27-31.

③吴龙龙，黄丽明．试析银行信贷对住房价格的调控作用 [J]．商业研究，2006,14:146-149.

④江彤．我国银行信贷与房地产价格关系实证分析 [J]．中国房地产金融，2007,4:15-18.

⑤唐元璋．日本金融政策对房地产业的影响 [J]．科技创业月刊，2004，9：74-75.

⑥王来福．郭峰．货币政策对房地产价格的动态影响研究 —— 基于 VAR 模型的实证 [J]，财经问题研究，2007,11:15-19.

⑦罗国兵．我国金融政策对房地产投资影响的实证分析 [J]．湖北生态工程职业技术学院学报，2007,2:53-55.

⑧宋勃，刘建江．房价与地价关系的理论分析与中国经验的实证检验：1998-2007[J],2009,9,60-66.

⑨张继彤，蓝昊．房地产价格影响因素的实证分析 [J]．中国物价，2007，11：40-42.

影响差异不大（梁云芳、高铁梅，2007），利率对房地产行业冲击存在价格难题，通过利率调节房地产价格存在时滞（高波、王先柱[①]，2009），利率与房地产之间的联系随着金融的自由化被削弱了（Randall，1990）。价格、名义利率、产出和投资都对房地产有直接影响（Thomas E.McCue，1994），房地产投资对短期利率改变反应敏感且持续，对长期动态利率不敏感，长期利率是促进房地产消费的主因（Bernanke，1995），研究利率、信用额和财富效应对房地产的影响，对政策制定和研究者非常有帮助。减少货币供应量，提高贷款利率，在房地产市场趋于过热的情况下，是非常有效的（王羽，郑强[②]，2005），加息对房地产市场能够起到抑制炒作、平抑房价、调整供给、缓解矛盾、紧缩信贷、挤出泡沫、吸收外资的作用（姜茜[③]，2005）。按揭贷款额度、按揭贷款利率、居民可支配收入等因素影响房地产价格，居民可支配收入、按揭贷款利率等基本面因素对房地产价格有影响，但实际影响相对较小；而居民的"适应性预期"对房价影响很大；短期内，抵押贷款利率对控制房价的实际作用并不明显（史永东、陈日清，2008）。交易成本下降、房地产按揭比例下降，房地产市场均衡价格、价格泡沫和违约概率下降（许承明，王安兴[④]，2006），按揭成数、按揭利率、期限对住宅价格均产生影响（崔新明[⑤]，2003）。房地产价格与利率呈负向关系，与汇率呈同向关系（周京奎，2006）。房地产周期波动与宏观经济波动是有关联的（房地产周期波动研究课题组，2002）。宽松的货币政策降低生产成本，提高了预期收益，扩大了开发企业的投资资金来源，汇率的小幅变动可以通过杠杆使房地产价格大幅度变化。依资产定价无套利规则，房地产价格的上涨需要同等幅度的地租上涨来支撑，如果上述关系不能满足，就会产

---

①高波，王先柱.中国房地产市场货币政策传导机制的有效性分析:2000—2007[J].财贸经济,2009,3:129-135.

②王羽，郑强.基于IS—LM模型的货币政策对房地产市场的影响分析[J].重庆工商大学学报,2005，S1：33-34.

③姜茜.我国货币政策对房地产市场影响的效应分析[J].重庆工学院学报,2005,19(12):67-69.

④许承明，王安兴.风险转移规制与房地产价格泡沫的控制[J].世界经济,2006，9：76-84.

⑤崔新明.住宅抵押贷款的融资效应对住宅需求价格的影响[J].金融研究,2003，6：83-93.

生房地产价格泡沫（杜敏杰，刘霞辉[1]，2007）。贷款利率与城市房地产供给、需求和价格存在滞后的负相关关系，且对不同城市房地产市场影响的广度和深度存在差异（李璇，杨霁帆[2]，2019）

　　货币政策包括利率政策、贷款期限、信贷规模、外汇政策。货币政策的传导主要通过资本投资消费进行（Modigliani, 1975）。相对于土地政策而言，金融政策更加快速，适合对房地产的短期调控（李南成，2005），由于恪守18亿亩耕地红线的土地保护政策，土地的供给弹性小，因此应该以金融政策为主，其他措施为辅（段岩燕、曹振良[3]，2005）。货币政策对房地产市场表现为长远和深远的影响（Mohammad, 2002）。货币政策对经济的影响取决于范围和地区异质性（Michael, 1999）。我国东、西部地区房价受信贷规模影响很大，中部地区房价受经济增长影响最大，从房地产需求来看，它对各地区房价的长期趋势都存在显著的负效应，而需求的短期变动只在西部影响房价的波动（梁云芳、高铁梅[4]，2007）。货币供给量M2与房地产价格呈正相关关系，长期贷款利率与房地产价格呈负相关关系，货币供应量M2对房地产价格影响的贡献程度大于长期贷款利率对房地产价格影响的贡献程度（华炎，张敏新[5]，2019）。房贷利率的变动会影响商品房供需和价格。房贷利率下调，有利于提高居民的购买意愿和开发商供给意愿，促进房地产市场回暖（李璇，杨霁帆[6]，2019）。

　　银行集中贷款带来房地产的繁荣，但是房地产繁荣酝酿银行危机（Herring, Wachter, 1998），货币政策非对称地调控房地产市场，扩张性的货币政策大于紧缩的货币政策（蒲勇健，龚文娟[7]，2007）。银行贷款和个人住

①杜敏杰，刘霞辉.人民币升值预期与房地产价格变动 [J].世界经济，2007,1:81-88.

②李璇，杨霁帆.房贷利率对湾区城市房地产市场的影响研究 [J].中国物价，2019：79-82.

③段岩燕、曹振良.调控房地产价格的关键——土地和金融 [J].当代经济，2005，2：57-59.

④梁云芳，高铁梅.中国房地产价格波动区域差异的实证分析 [J].经济研究,2007,8:133-142.

⑤华炎，张敏新.货币政策对房地产价格的影响研究 [J].中国林业经济，2019（159）：114-117.

⑥李璇，杨霁帆.房贷利率对湾区城市房地产市场的影响研究 [J].中国物价，2019，9：79-82.

⑦蒲勇健，龚文娟.我国货币政策对房地产市场影响的非对称性研究 [J].统计与决策,2007,5:117-118.

房贷款支持了房地产市场的供求，对信贷的调控能有效抑制房地产市场的需求，市场发展拉动经济的增长（李宏瑾[①]，2005）。通过金融措施对调控房地产价格的作用有限，调控效果也并不确定（盛松成[②]，2003）。房地产资产定价中的非效率部分应当成为货币政策当局关注的重点，货币政策对房地产价格波动的最优干预，实质上是对房地产资产定价偏差的纠正（徐妍，安磊[③]，2020）

　　采用货币政策进行调控时：调整住房建设项目贷款政策，差别对待消费需求和投资投机需求，加强房地产信贷风险管理，从严控制房地产企业开发贷款（黄朴，许玉瀛[④]，2009）。切实把握好调控的力度，因地制宜，防止非当地产企业大量涌入，打破产业结构的合理布局，制定切实可行的实施细则，使政策具有可操作性，加强金融管理，实行差别化房贷政策（曹福明[⑤]，2005），中央银行应建立房地产市场预警预报体系，提前对房地产市场运行状况做出判断，控制信贷规模，加强金融调控（束华[⑥]，2004），政府为了发挥金融对房地产业的调节可采取的措施：调整公积金覆盖面、调整房地产贷款利率、促使人民币小幅升值、拓宽房地产融资渠道、增加金融市场的透明度和政策取向的可信度等（周京奎，2006）。使汇率机制更加灵活，适时调整人民币汇率水平使中国经济健康发展（王爱俭，沈庆劼[⑦]，2007）。

　　3. 税收政策

　　税收是国家取得财政收入的来源，税收可以调节社会公平，对富者多征税，从而通过二次转移支付的方式向穷人转移支付。纳税的公平在于税收政策可以

[①]李宏瑾.房地产市场、银行信贷与经济增长——基于面板数据的经验研究 [C].国际金融研究，中国金融学会第八届优秀论文评选获奖论文集，北京：2005,7：30-36.

[②]盛松成.货币政策能否调控房地产价格 [J].银行家,2003,9:30-33.

[③]徐妍，安磊.纳入房地产定价效率的最优货币政策规则设计—基于社会福利最大化视角 [J].金融监管研究，2020,7：57-76.

[④]黄朴，许玉瀛.我国近期货币政策对房地产市场的影响分析 [J].价格理论与实践，2009，12：63-64.

[⑤]曹福明.从两次信贷调控看金融政策对房地产市场的影响 [J].浙江经济，2005，15：52-53.

[⑥]束华.试析房地产、宏观经济稳定与货币政策完善 [J].西安金融，2004，6：26-27.

[⑦]王爱俭，沈庆劼.人民币汇率与房地产价格的关联性研究 [J].金融研究，2007，6：13-22.

促进经济的发展与增长、税收可以提供更多的内外安全保障、税收可以普遍地提高社会的公共服务、税收可创造稳定的经济与社会发展的环境基础（包括缩小贫富差别）、税收政策可以创造生产力发展的最大效率，是一种财政规范，是国家根据法律规定向房地产经营者、购买者和所有人征收一定货币的财政活动，同时它又是一个重要的分配范畴，参与房地产经济运行各个环节的分配，体现国家与房地产主体之间的分配关系。政府正是通过这种收入分配关系，一方面取得财政收入，另一方面有目的地影响房地产主体的经济行为，从而实现一定的宏观经济目标（李鑫[1]，2003）。但是消费过程中的税收却大多更注重于效率，而非调节公平。发展中国家的消费税制更多的是鼓励生产与消费的倾向，以扩大消费、拉动生产。纳税对社会的公平与效率产生着极大的导向作用，对住房购买的税收优惠提高了住房改善的积极性。

Kim(1990) 的研究结果显示房地产转让税可以改变消费者对住房的消费意愿。不同类型的房地产税将引起房地产交易频率、交易量和交易价格变化（Meen[2]，1998）。Benjamin[3]（1993）房地产转让税由卖方负担的话，房地产转让税将导致短期房价下降。房地产税影响租房与卖方的相对价格、家庭财富，并最终影响房价（Wood[4]，2007）。不同环节设置不同的房地产税种，对房地产价格和房地产税收利益分配产生影响：房地产开发阶段课税，将会影响房地产商品的供给，控制投资规模和调节投资结构；房地产流转环节课税，能够有效抑制房产投机行为，影响房产市场的需求；政府参与流通环节的价值再分配，抑制投机；房地产保有环节课税，使资源得到合理使用和最优化的配置。减少

[1]李鑫. 促进我国房地产行业发展的税收政策研究 [D]. 大连：东北财经大学, 2003.

[2] Meen,Geoffrey, Modelling Sustainable Home-Ownership: Demographics or Economics? Urban Studies,November 1998,v. 35,iss. 11,pp. 1919-34.

[3] Schoefer, Benjamin, Regulation and Taxation: A Complementarity, Journal of Comparative Economics, December 2010, v. 38, iss. 4, pp. 381-394.

[4] Chen, Qiwei; Jack, Lisa; Wood, Andrew, Tax-Loss Selling and Seasonal Effects in the UK, Applied Financial Economics, September-October 2007, v. 17, iss. 13-15, pp. 1027-1035.

土地闲置，保持土地的正常流动和交易；对于房地产增值部分，政府参与增值部分的价值分配，得到一定的税收收入，同时也打击了投机行为（吴敏洁，徐小丽，朱玉娜[1]，2008）。

税收政策的作用：房地产税制是国家调控住房市场经济活动的有力杠杆（苑新丽[2]，2004）。税收政策影响房地产市场的发展，适宜的税收负担、良好的税收服务水平将促进房地产市场的健康发展。与此相反，沉重的税收负担、烦琐复杂的税种结构、落后的税收方式将阻碍房地产市场的发展（夏宝辉[3]，2008）。税负的确会通过增加房屋买卖成本起到提高房地产业的准入成本和抑制投机行为的作用，但是调控效果与征税比重并非成正比例关系，因为税负在一定程度上是可以转嫁的，如果不加区分地加大税负，普通消费者就可能为开发商和投机者的暴利行为"买单"（童慧[4]，2010）。

更多的学者关注于我国现在房地产税收政策的问题以及如何解决房地产税收问题。房地产税收方面的问题主要有：①税种繁多，税费混杂，计税依据不合理，预收账款纳税时间的确认及会计处理不当。②征税范围过窄，重流通、轻保有。③税收行政效率低下，房地产税收优惠政策导向性不强。④现行房产税、城镇土地使用税存在明显缺陷。土地增值税设计不当，调节力度有限。税收政策是造成房价居高不下的众多因素中一个重要因素，房地产税收关系到地方政府财政收入，要进行财政体制改革（张双长，李稻葵[5]，2010）。⑤信息不对称和监管不力，使税收大部分被开发商转嫁到消费者身上（吴敏洁，2008）。

①吴敏洁，徐小丽，朱玉娜.论税收政策对房地产业的影响 [J].金卡工程（经济与法），2008，6：132-133.

②苑新丽.国外房地产税制的特点及启示 [J].税务研究，2004，7：57-60.

③夏宝辉.税收政策对我国房地产市场的影响研究 [J].辽宁行政学院学报，2008，10（2）：52-53.

④童慧.税收政策对房地产市场影响的微观经济学分析 [J].技术与市场，2010，17（7）：55-57.

⑤张双长，李稻葵."二次房改"的财政基础分析——基于土地财政与房地产价格关系的视角 [J].财政研究，2010，7：5-11.

使用税收政策作为调控手段时，完善措施有：①重新调整各环节的税负水平。界清税费，严格控制房地产行业的收费规模。调整预收账款的纳税时间，统一会计处理方法。②在房地产取得环节的设置税种，保留耕地占用税，将印花税合并到契税。③取消现行土地增值税和教育费附加。将现行房产税、城镇土地使用税及各项收费合并为物业税，保留房地产出租环节的营业税、城市维护建设税、企业所得税、个人所得税等税种。④完善房地产行业的税收优惠政策，完善房地产税课税的配套制度与政策。

将房地产保有税作为房地产税收的基础，扩大征税范围，简化税种，以房地产的市场价值作为计税的依据，合理设定税率，优化整体税制结构。政府通过给整个房地产行业税收优惠的方式来促进房地产行业的发展；政府通过给不同地区的房地产行业不同的税收优惠来促进房地产行业的地区平衡；政府可以通过给从事不同房地产品牌开发的房地产开发商不同的税收优惠使房地产品的结构趋于合理。在明确了房地产开发各个环节参与主体的时候，就可以在各环节通过对不同类主体征税、减税、提高税负及减轻税负的方式来影响各类主体的决策，以实现一定的政策目标（李鑫，2003）。

4. 多种手段综合运用

因为单一的手段往往效果有限，在实际中，往往是多种手段综合运用。房地产调控的四项任务是总量调控、优化结构、规范行为、调节收益（宋春华[①]，2000）。房价过快上涨的原因复杂，只有采取综合手段，运用城市规划、土地供应、财税、金融、企业监管和信息公开、舆论宣传等多种手段进行综合治理（俞明轩[②]，2005）。房地产市场调整归根结底应该从供给和需求两方面进行：通过供求的双向调节，促使房价理性回归，措施有大力改善供给结构、加大土地供应调控力度、大力发展省地型住房。调整住房转让环节营业税政策、整顿和规范市场秩序、加强房贷信贷管理（尹伯成[③]，2005）。因此，房地产市场调控

①宋春华. 建立有效的房地产宏观调控体系 [J]. 城乡建设，2000，3：6-7.

②俞明轩. 成立应急委员会 综合调控住房价格 [J]. 城市开发，2005，5：16-17.

③尹伯成. 论房市调控与发展 [J]. 经济经纬，2005，4：54-56.

的最终目标是保持房地产业持续健康发展，将房价维持在合理水平，不要出现短期内的大起大落。要做到这些，政府调控的着力点应包括土地政策、税收政策、信贷等方面，以达到市场供需的平衡（白炜、谭庆华[①]，2009）。引起各地区房价波动的因素不同，政府制定政策不能一刀切，应该因地制宜（梁云芳、高铁梅，2007）。要使房地产市场价格回落，清除投资性住房，政府应该综合运用银行信贷政策、税收政策、土地管理政策，同时运用税收、利率、货币补贴等市场化手段，建立起覆盖全民的住房保障体系（易宪容，2007）。将宏观政策与微观政策配合是解决房地产价格快速上涨的一条途径（刘秀光[②]，2007）。

调控的时点是另一个对调控效果产生重要影响的因素。市场是瞬息万变的，而市场价格存在滞后性，选择合适时点对房地产市场进行调控对调控效果很重要。刘学成[③]（2001）认为我国出现的房地产短周期性波动发展就是由于体制政策等外部原因强大作用的结果。中国社会科学院财贸经济研究所"房地产周期性波动研究"课题组（2002）认为，房地产周期性波动的原因是多方面的，但其最直接的因素是房地产的供求变化及其相互作用，其他因素都是通过影响供求而影响房地产周期性波动变化。杨蕾、武玉英[④]（2004）运用房地产周期性波动理论以及博弈论中的库诺模型及伯川德悖论，对我国房地产波动的各个时期进行分析。何国钊、曹振良、李晟[⑤]等（1996）选用了商品房价格、城镇新建住宅、竣工住宅、实有房屋建筑、实有住宅建筑、城镇住宅投资、房地产从业人员、房产买卖成交等 8 项指标，通过各变量的环比增长率给出各单项指标的周期波动，得出中国房地产周期。并指出房地产行业在发展过程中呈现出复苏、繁荣、衰退、萧条四个阶段的周期性循环波动，由此形成房地产周期或房地产周期波动。作用于住房市场需求端的"强制性调控"过程在短期内往往政策效果并

①白炜、谭庆华.房地产业调控到底应该调控什么？——兼对房地产消费信贷政策的思考 [J].消费经济，2009，25（4）：59-62.

②刘秀光.基于房地产价格坚挺和经济管制的分析—兼与武康平教授商榷 [J].学术论坛，2007，1：65-68.

③刘学成.国内房地产周期研究综述 [J].中国房地产，2001，5：17-19.

④杨蕾、武玉英.房地产波动周期的博弈分析 [J].计划与市场探究，2004，3：65-66.

⑤何国钊、曹振良、李晟.中国房地产周期研究 [J].经济研究，1996，12：51-77.

不显著，但是长期来看是非常显著的；通过"诱致性调控"引致住房市场达到政策效果的政策体系逐渐形成，主要包括土地政策、财税政策和金融政策等；作用于住房市场供给端的土地政策和财税政策的政策效果长期来看是非常显著的，但是作用于需求端的金融政策的政策效果长期来看却是不显著的①。

2.1.2 调控存在的问题和原因

虽然中央政府采用多种调控手段，但从调控的效果来看，还是和预期存在较大差异。研究者们对背后的原因进行了探寻。

房地产供求矛盾突出，需求旺盛，供给总量不足，供给结构不合理，政策执行力度不够（孔煌、魏锋、任宏②，2005）。2003 年以来的税收、贷款利率、开发商自由资本比例等调控措施在价格变化、交易量变化和影响时间快慢上是不一致的（张伟、李汉文③，2006）。贷款利率对不同需求层次的人影响不一样，自用需求中的中低收入阶层满足基本居住的需求，受利率影响较大，为打击炒房者征收的营业税以及附加税，往往最终转嫁给了消费者（吴立平④，2005）。房地产市场存在多个利益主体，每个利益主体对房地产市场的利益诉求是不一样的，每个市场参与者会从自身的角度出发来行动从而导致调控的失败（刘权清⑤，2008）。建立在层层委托代理关系之上的土地储备制度不完善，商品房预售制度成为房价炒作的有效工具。税种繁多重复，内外税制不统一，收费项目过多，地区差异大（孔美龄、王建军⑥，2006），调控政策没有充分考虑房地产市场地域

①叶剑，平李嘉."住房—土地—财税—金融"四位一体房地产调控长效机制构建研究——基于 DSII 政策分析框架和 ITS 模型，中国软科学，2018，12：67-86.2

②孔煌、魏锋、任宏. 调控我国房地产价格的政策选择 [J]. 价格理论与实践，2005.9：35-36.

③张伟、李汉文. 住房市场动态变化分析 —— 对 2003 年来实施的房地产业宏观调控措施的评价 [J]. 财贸经济，2006，5：17-22.

④吴立平. 房地产市场的调控措施 [J]. 内蒙古科技与经济，2005，18：110-111.

⑤刘权清. 房地产市场博弈研究 [D]. 广州：暨南大学硕士学位论文，2008.

⑥孔美龄、王建军. 当前我国房地产市场调控中的问题及对策研究 [J]. 四川教育学院学报，2006,22(11):8-10.

差异，短期调控政策频繁使用加剧了市场波动，保障性住房制度设计存在漏洞和政策执行不力并存（徐利[①]，2010），政府缺乏市场供给和需求的有效信息，所以不能制定出正确的宏观调控政策（陈志平[②]，2010）。

中央政府首先应该缓解供需矛盾，以结构优化促进房地产供给总量调整，并降低住房供给成本以促进房价下降；发展各种住房金融渠道，以增加有效供给和有效需求；完善政府的信息发布制度，对公众购房的心理预期进行正确引导；同时加大政策执行力度，使房价上涨过快得到有效的控制（孔煌、魏锋、任宏，2005）。在多种调控措施共同运用的时候，要根据一个时期宏观调控的目标，考虑分析各项调控措施之间的相互影响（张伟、李汉文，2006）。

对房地产价格的调控应当走出不断制定新政策、新规定的误区，把重点放在多落实和执行上，加强对政策执行的监管。在政策的运用上，应该更多地使用财政、货币政策来进行调控，而行政手段只能用来规范和引导市场（廖俊平[③]，2005）。房地产价格的复杂性决定了政府宏观调控必须考虑各种因素，尤其是市场各方对政策的反应。只有从实际情况出发，针对现状提出可行性的，并及时把握市场动向的措施，才能引导房地产市场持续、健康的发展（刘权清，2008）。不同货币政策对不同资产价格的影响程度和持续时间明显不同。其中，利率对资产价格的传导机制存在一定滞后性，且当资产价格处于繁荣期时，利率变动对股价的影响表现出与理论相反的特征（齐岳，刘彤阳[④]，2020）。

2.1.3 房地产市场主体间的博弈

房地产市场中主体之间的博弈结果对房地产市场的发展产生重要影响。很多学者对博弈的过程和结果进行了分析。

关于地方政府和开发商之间的博弈：政府与开发商之间寻租行为的博弈结

①徐利 . 对房地产市场调控政策的反思 [J]. 财政研究 ,2010,10:12-15.

②陈志平 . 关于我国房地产市场调控的几个问题 [J]. 内蒙古财经学院学报 ,2010,2:9-13.

③廖俊平 . 当前房价宏观调控的误区 [J]. 城市开发 ,2005,6:45.

④齐岳，刘彤阳 . 货币政策对资产价格的冲击及资产价格联动研究 [J]. 系统工程，2020,9: 2-11

果是土地市场中的寻租活动造成了国有资产的巨大损失（王文革[①]，2005；母小曼[②]，2006）。地方政府是地区土地市场的管理者、需求者以及唯一供给者，地方政府在土地市场上的供应博弈和价格博弈决定了土地市场是否有效，要规范土地市场秩序，必须从规范地方政府行为开始（张飞，曲福田[③]，2005）。

　　研究地方政府与开发商之间的博弈双方总是在既定约束条件下，尽可能多的享受住宅开发所带来的收益。在很多情况下政府与开发商之间存在不同程度的合作，在土地国有制下土地的实际产权是模糊的，土地市场不发达，交易程序和交易信息不透明，政府与住宅开发商的合作无形中最终损害了消费者的利益（王俊，2005）。

　　中央政府和地方政府的博弈结果表现如下：第一，由于当前我国税收结构，中央政府和地方政府都博取土地的收益。中央政府是负责宏观调控，而地方政府对土地有直接的使用和产权管理职能。房地产税收中，有 25% 是归地方财政收入，如果中央政府调控房价走低，则会影响地方政府的收入，因此地方政府不愿意遵从调控。第二，由于房地产业可以提高地方的 GDP，使房地产价格提升，得到更多的税收和土地出让金。由于 GDP 和政绩工程是地方政府官员考核的一个标准，因此地方政府着力发展房地产业。第三，房地产开发过程中，会给开发商、施工方、销售商和投机者带来巨大的利益，这样就容易形成利益集团。地方政府出于自身的考虑，会与其他利益主体串谋，给予开发商种种优惠政策，直接抵消了中央政府对房地产市场调控的效果。第四，房地产开发企业的资金大部分来自银行，同时业主购买房屋的费用也来自银行，使银行承担了巨大的风险。尽管中央政府通过央行实施金融政策，地方的银行依然要受到以地方政府为中心的利益集团的影响，同时也处于这个利益集团中。为了共同的利益，就很难排除地方金融单位对中央政策并不履行的现象。这是中央这几年金融政策在地方政府干预下屡屡失效或者流产的重要原因（余建源，2009）。

　　房地产开发商预期过度，消费者乐观消费预期不足的结构性矛盾是房地产市场结构失衡的内在原因，政策因素正在决定着中国房地产市场的走向（杨建

①王文革.城市土地所有者与使用者之间的利益博弈衡平 [J]. 政治与法律，2005, 4: 80-86.

②母小曼.土地市场中政府与开发商的博弈分析 [J]. 商业时代，2006, 15: 7-8.

③张飞，曲福田.从地方政府之间博弈的角度看土地市场秩序 [J]. 经济问题探索，2005, 6: 57-59.

荣、孙斌艺[1]，2004)。徐江（2007）。从博弈论讨论了中央政府、地方政府与房地产开发商之间委托代理、管制与被管制的博弈关系，指出房地产企业合谋和地方政府设租的现象会在相当长的时间内存在，对此建议中央政府在设计房地产市场宏观调控机制的时候，要着重降低对地方政府设租行为的监督成本。

◎ 2.2　相关的基础理论

2.2.1　地租地价理论

房地产是附着在具体的土地上的，地租理论[2]是房地产经济的理论基础。在古典经济学中，英国威廉配第是最早论述地租理论的经济学家。他是将地租理论建立在劳动价值理论基础之上的，他认为地租的价值是超过工资和农产品成本的价值，在相等的条件下，地租量决定于工人的数量。同时，他还提出了级差地租概念，第一种形式的级差地租是由土地和位置决定的；级差地租的第二种形式是由等量投资引起的。之后又有法国古典经济学重农学派认为扣除了农产品生产中的一切费用，剩下的就是地租。英国古典经济学的主要代表人物亚当·斯密阐述了地租的定义：地租为使用土地支付的价格，是土地所有权和农产品垄断的结果，并对级差地租的思想进行了阐述，他认为农业部门以外的地租是由农业地租所决定的。李嘉图奠定了科学地租理论的基础并指出了土地所有者在经济中的作用。近代西方土地经济学派把地租理论从农业经济领域推广到了城市经济领域，形成了较为系统的城市土地经济理论。代表人物马歇尔认为地租是由土地的需求而产生的，并提出了"准地租"的概念。现代西方制度学派与市场学派不同，他们主要从社会、政治和心理因素决定的社会制度方面，说明土地经济运行规律。马克思主义认为，地租是土地使用者由于使用土地而缴给土地所有者的超过平均利润以上的那部分剩余价值。马克思按照地租产生的原因和条件的不同，将地租分为三类：级差地租、绝对地租和垄断地租。前两类地租是地租的普遍形式，后一类地租（垄断地租）仅是个别条件下产生

---

[1]杨建荣、孙斌艺.政策因素与中国房地产市场发展路径——政府、开发商、消费者三方博弈分析 [J]. 财经研究，2004,30(4):130-139.

[2]宗平.地租理论及其在社会主义社会的应用 [M]. 北京：经济科学出版社，1990，20.

的地租的特殊形式。保罗·A·萨缪尔森认为，地租是为使用土地所付的代价。土地供给数量是固定的，因而地租量完全取决于土地需求者的竞争。美国现代土地经济学家雷利·巴洛维认为[①]：地租可以简单地看作是一种经济剩余，即总产值或总收益减去总要素成本或总成本之后余下的那一部分。各类土地上的地租额取决于产品价格水平和成本之间的关系。

新古典主义城市地租理论在进入 20 世纪 60 年代以后，以阿兰索、密而斯等为代表的经济学家将边际分析方法应用于传统的地租理论中，导致了地租研究的深入，从而孕育出新古典主义城市地租理论。①对地租的概念，新古典主义将生产过程视为多种变量不断变化的过程，通过边际产品价格与生产要素价格的比较，对地租的本质含义进行阐述。即一个市场中的经济实体为追求最大的利润，多次进行扩大生产，每一次投资所产生的效益都会与上一次投资产生的效益之间要有一个差，这个差就是边际效益。②区位因素的重视和区位平衡概念的引入，使得新古典主义更具实际应用价值。③对土地市场的分析趋于成熟。其中，有关土地平衡价格的理论及有关土地市场作为一个非完善市场的阐述有其独到之处。④解决了城市地租测算的理论方法，建立了有关地租模型。⑤更注重对政府政策的研究，使得它有良好的应用前景。

地价是指土地所有者向土地需求者让渡土地所有权所获得的收入，是买卖土地的价格。我国目前通常所讲的地价，是出让或者转让国有建设用地使用权的价格，是国家一次性出让若干年的国有建设用地使用权或者土地使用权人转让国有建设用地使用权所获得的收入，其本质是一次性收取的若干年的地租。

2.2.2 市场失灵理论

传统的西方经济学理论认为，完全竞争市场要满足如下的前提假设[②]：①所提供的商品是完全同质的；②存在大量的买者和卖者，所有当事人都是价格的接受者；③买者拥有商品的完全信息，这些商品是私人商品；④生产方式排除规模

---

①雷利·巴洛维．土地资源经济学 —— 不动产经济学 [M]．北京：北京农业大学出版社，1989．
②李士金，仲维清．经济学基础 [M]．北京：机械工业出版社，2011，03，8-10．

报酬递增和技术进步因素；⑤买者在给定的预算约束下偏好最大化，卖者在其生产函数下利润最大化；⑥市场实现竞争均衡，存在全部市场出清价格。福利经济学定理实现帕累托最优的前提条件则基于上述假定。但是，现实市场的复杂性很难满足上述这些条件，特别是有些完全竞争最基本的条件都无法满足。

　　市场是资源配置的最佳方式，但是存在以下弊端：①调节的盲目性；当市场上某种商品的价格较高时，各种社会资源都流向生产这种产品的领域，但是社会究竟需要多少这种产品，市场是否已经饱和，单个企业都无法知道。只有当价格下降的时候，企业才意识到，但是这个时候生产要素和产品已经过多地集中于生产该产品的领域，由此造成了资源的巨大浪费。②调节的滞后性；市场调节以价格为导向，一旦某种商品供过于求，价格下跌，生产者得到这个信息的时候已经太晚，超过了市场的需求时，商品已经生产出来。③调节缺乏预见性；生产者只能根据当时商品的价格来调节生产经营，无法预见市场未来的情况。④竞争可能引起垄断，造成市场的低效率。垄断会产生垄断价格，对市场某种程度的（如寡头）和完全的垄断可能使得资源的配置缺乏效率。对这种情况的纠正需要依靠政府的力量。政府主要通过对市场结构和企业组织结构的干预来提高企业的经济效率。这方面的干预属于政府的产业结构政策。⑤市场引起外部不经济；在市场调节的情况下，会产生企业为了自身的经济而造成企业外部不经济，比如环境污染。⑥市场调节对某些公共部门是无效的；市场调节对国防、社会公共设施是不起作用的，因而是无效的。公共物品是可供社会成员共同享用的物品。公共物品具有非竞争性和非排他性。非竞争性是指对公共物品的享用无需付费，非排他性是指一个人对公共物品的享用并不影响另一个人的享用。⑦信息的不对称。在经济活动中的参与人知道的信息是不同的，具有信息优势的人就可以进行欺诈，损害正当交易人的利益。当处于信息劣势的参与人害怕欺诈行为的发生而影响交易活动时，市场的正常作用就会丧失，市场就失去了配置资源的功能。此时为了保证市场的正常运转，政府需要制定一些法规来约束和制止欺诈行为。

　　房地产行业在我国经济发展过程中发挥重要的作用，但是房地产行业的盲目发展会给国民经济造成巨大的危害。目前，我国房地产行业还处于发展的初期阶段，运行还不太规范。为了房地产市场的健康持续发展，迫切需要中央政府加强对房地产市场的宏观调控。

2.2.3 寻租理论

寻租理论是 20 世纪 70 年代西方经济学界公共选择学派创立的理论，是以研究非生产性竞争的寻利活动为主的经济理论，最早由戈登·塔洛克①在 1967 年的论文《关于税、垄断和偷窃的福利成本》中提出。他对寻租的观点是完全竞争理论对偏离竞争所导致的社会福利估计不足，人们竞相通过各种疏通活动，争取收入，在寻租的条件下，每个人都认为花费与其所期望的收益相近的费用值得，因此实际上税收、关税和垄断所造成的社会福利损失超过了通常的情况。掀起寻租理论研究大潮的是 1974 年发表《寻租社会的政治经济学》一文的安妮·克鲁格。寻租活动的共同特点是：造成资源配置的扭曲，妨碍了更有效的生产方式的实施；寻租行为耗费了本来可以用于社会有益活动的资源；寻租活动导致其他层次的寻租活动，因为寻租活动所产生的效应会引发新的追求行政权力的浪费性寻租竞争，同时，利益受到损害的企业也会采取抗衡的行为，消耗更多的社会资源。

布坎南定义寻租的内涵：只要资源的所有者想多得而不愿意少得，他们就要去寻求租金。在市场经济中，通过竞争来寻求利润是对他人有好处的，但是在特定的制度背景下，通过竞争来寻租，对他人是没有好处的。寻租意义上的租金，不会通过竞争而消失，不是动态变化的，因为不存在竞争，这也是寻租产生的制度条件。寻租产生的条件是存在限制市场进入或市场竞争的制度或政策。它往往与政府干预的特权有关。在政府干预的条件下，寻利的企业家发现寻利有困难，转而进行寻租活动，取得额外的收益。寻租有三个层次，一是对政府活动所产生的额外收益的寻租；二是对政府收益较高职位的寻租；三是对政府活动所获得的公共收入的寻租。布坎南的寻租理论的逻辑结论是，只要政府行动超出保护财产权、人身和个人权利、保护合同履行等范围，政府分配不管在多大程度上介入经济活动，都会导致寻租活动，就会有一部分社会资源用于追逐政府活动所产生的租金，从而导致非生产性的浪费。

---

① 戈登·塔洛克. 寻租：对寻租活动的经济学分析 [M]. 李政军，译. 成都：西南财经大学出版社,1999.

政府创租活动有三类：第一类是政府无意创租。政府干预社会经济的出发点是好的，但是在这个过程中却创设了租金，给政府代理人创造了寻租的机会。第二类是政府被动创租，政府给一些寻租者创造了寻租的机会，他们一旦拥有了该机会，就组成政府创租政策的利益团体，并为保护这种利益的继续不断反对政策的改变，如果这个过程能不断地持续，政府就成了利益集团的"俘获物"，在这种情况下，政府的权威下降，利益集团的权势增强。之所以有这种情况发生，是因为政府能力不足，知识不足，不知道自己的活动会设置租金，利益集团的势力太强大；第三种是政府主动创租，是指政府代理人动机不纯，已经是寻租利益集团成员。

◎ 2.3 小 结

国内外关于房地产宏观调控政策的研究主要集中在土地政策、金融政策、税收政策和综合政策。虽然房地产的调控措施较多，有些阶段还很密集，但是却不能得到预期效果，背后的原因很多，中央政府、地方政府、开发商之间的博弈成为其中的一个重要因素。与房地产调控的相关理论包括地租地价理论、市场失灵理论、寻租理论等。

第3章 我国房地产市场发展阶段及调控政策分析

房地产市场有狭义和广义之分：狭义的房地产市场①是指房地产交易的场所；广义的房地产市场还包括房地产交易双方的经济关系，是买卖双方相互作用的一种机制，是房地产市场交易的综合或房地产商品流通中所有交换关系的总和。房地产市场是市场经济体系的重要组成部分。房地产市场按照运行市场层次可以分为房地产一级市场、二级市场和三级市场。房地产一级市场指的是土地使用权出让市场，又称土地批租市场，由国家垄断，是国家将土地使用权出让给土地使用者的市场。房地产二级市场包括土地使用权转让市场、新开发商品房的初次交易市场。房地产三级市场是房地产消费者之间的交易市场，包括商品房、经济适用住房或已购公有住房等的再交易。房地产体系图见图 3-1。

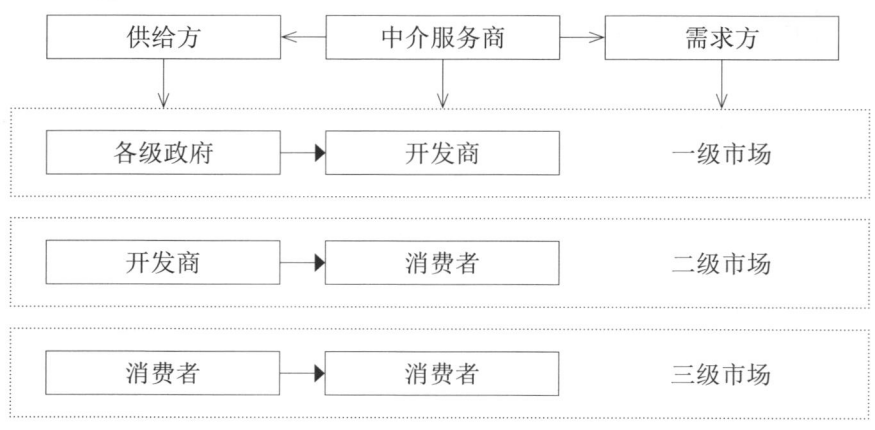

图 3-1 房地产市场体系

---

①王春生，王淞. 房地产经济学 [M]. 大连：大连理工大学出版社，2002,11-15.

根据我国中央政府对房地产市场的调控目标及措施，可以将我国房地产市场的发展分为 8 个主要阶段：

表 3-1　1978—2020 年我国房地产调控阶段

阶段	时间	调控
第一阶段	1978—1992	促进房地产市场发展阶段
第二阶段	1993—1997	控制整顿房地产阶段
第三阶段	1998—2002	大力发展房地产市场阶段
第四阶段	2003—2008	紧缩调控阶段，抑制房地产房价快速上涨
第五阶段	2008—2009	扶持房地产市场阶段
第六阶段	2009—2014	抑制商品房，发展保障房
第七阶段	2014—2017	去库存阶段
第八阶段	2017—2020	紧缩调控阶段

下面来分阶段仔细分析各个阶段出台的不同的条例和调控效果。

◎ 3.1 1978—1992 年促进房地产市场发展阶段

3.1.1 调控背景及目标

1978 年国内刚刚粉碎了林彪、"四人帮"，社会出现了前所未有的新气象。生产生活得到了恢复，理论界就住房的福利性和商品性进行了大讨论，并得出住房是商品的结论。1979 年完成基本建设投资总额 500 亿元，在基本建设投资总额中，提高了职工住宅的投资比重。1980 年基本建设投资有 35 亿元用于增加住宅建设投资。1984 年提出建筑业的经济效益对整个国民经济关系极大，对项目投资要按照资金有偿使用的原则，将财政拨款转变为银行贷款。要进一步推行城市住宅建设商品化试点，开展房地产经营业务，通过多种途径，增加资金来源，逐步缓和城市住房的紧张状况。1984 年农村建成住宅约 6 亿平方米，城镇建成住宅约 1 亿平方米，大批农户和部分职工住上了新房。1986 年全国社会总产值达到 18774 亿元，比上年增长 9.1%。1988 年全民所有制企业新增加的固定资产达 5854 亿元。城市新建职工住宅 8.5 亿平方米，农村新建住房 39 亿平方米。1988 年国民生产总值达到 13853 亿元，1989 年产生了一些社会问题，影响了全国的生产生活，但国民经济依然保持了一定的增长速度，国民生产总值 15677 亿元。1990 年商品住房投资 290 亿元，1991 年扩大和加快了住房制度和社会保障制度等方面的改革试点，1992 年初，邓小平发表南方讲话，中央向全国传达了《学习邓小平同志重要讲话的通知》，提出加快住房制度改革步伐，市场机制作用明显，房地产市场开始形成。新建城镇居民住宅 9.2 亿平方米，农村住房 36 亿平方米，我国居民的居住条件逐步得到改善①。该阶段的房地产调控目标是打破之前计划经济体制对土地和住宅产业的高度约束，缓解实物分房和住宅低租金给国家财政带来的负担，引导城镇居民住宅消费支出的结构合理化，进而增加对建筑业和房地产的有效需求，培育房地产市场。

3.1.2 调控政策及措施

1. 综合政策

1980 年 6 月，中共中央、国务院在批转《全国基本建设工作会议汇报提纲》中正式提出实行住房商品化政策。1984 年，《政府工作报告》提出进一步推进商品化住房试点，允许个人买房建房，开展房地产经营业务，逐步推行住房商品化。1991 年 11 月 23 日，国务院发布《关于全面推进城镇住房制度改革的意见》，规范了房改的分阶段及总目标、基本原则、有关政策、工作部署、工作领导等。对房改的深化进行起到了重要的依据作用。

2. 土地政策

1988 年修改《宪法》中的土地条款，规定国有土地使用权和集体土地使用权可以依照法律的规定转让。同年对《土地管理法》进行了修改，出台了相应的政策，国有土地使用权出让工作在全国城镇开始由点到面地展开。1990 年 5 月，《城镇国有土地使用权出让和转让暂行条例》的出台，为土地使用权有偿出让提供了具体依据，为建立可流转的房地产和房地产市场奠定了基础。

3. 其他措施

1980 年北京住房统建办公室首次挂牌，成立了北京市城市开发总公司。1982 年在全国四个城市作为试点进行售房，1989 年初出台了《关于加强房地

---

① 摘自 1979—1993 年政府工作报告。

产市场管理的通知》，1990 年，上海开始建立住房公积金制度。1991 年，全国第二次房改工作会议确定了"租、售、建并举，以提租为重点"的租金改革原则。

3.1.3 调控效果及评价

房地产发展处于萌芽状态，围绕住房商品化和土地产权的变更，在争论中有所发展。1984 和 1988 年有一个较大的增长点，1989 年后急剧下降，除了政治风波的原因外，主要是推出了加强房地产市场的整顿措施。

1984 年前后的土地流转制度的变革是让农民不仅拥有土地使用权而且拥有承包期内的转让权，该制度后来又被取消了。按照马克思的地租理论，在土地私有市场经济条件下，拥有土地的人凭借土地所有权而获得收入。我国土地制度是全民所有制，限制土地流转，约束了土地的市场性，使其不能有效利用。如何解决土地使用权的有效流转是发展房地产的必要前提。

该阶段我国住房以实物福利分配为主，注重住房的福利性质。以国家和企业作为住房的投资主体，低租金使用，福利制度是注重公平，但不是社会全部人的公平，该制度的受益人是有固定单位的长期职工，他们获得福利分房的机会往往又是按照职位高低、工作年限和对单位贡献大小来论资排辈。该制度也造成了住房短缺，住房质量低下，维修费用高，国家背负沉重的财务负担，抑制了住房需求，排斥了个人对住房的投入，阻碍了房地产行业的发展。福利实物分房存在政府无意创租，给部分人权力寻租的机会，助长了以权谋房的不正之风。提租制度有利于改变公共住房失修的状况，改善居住条件，促进出租与销售的比例合理，使享受福利分房制度的人与不享受福利分房的人相对公平。但该制度受到了旧住房制度既得利益者的抵触，而他们又大多数是政府官员，造成该制度实施效果不明显，后被新的制度替代。住房商品化能提高住房资源分配的效率，有效解决住房供需矛盾，有利于拉动内需，促进经济发展，给居民改善住房提供了平等的机会，但是该机会是由居民的货币购买力所决定的，市场机制产生的效率将导致居民住房两极分化。

◎ 3.2 1993—1997 年整顿房地产市场阶段

3.2.1 调控背景及目标

1992 年国民生产总值突破 3 万亿元大关，改变了 1989 年和 1990 年经济增长速度明显下滑的局面，全年城镇新建住宅 2.7 亿平方米，农村新建房屋 5.7 亿平方米。政府号召推进住房制度改革，有步骤加快城镇住房建设，重点提高中低档民用住宅，改善居民住房条件。1994 年国内生产总值达到 43800 亿元，按可比价格计算，比上年增长 11.8%。固定资产投资增长幅度由上年的 58.6% 回落到 27.8%，增长过快的势头初步得到遏制，改善投资结构。城镇住宅新建 2 亿平方米，农村住宅新建 5.8 亿平方米。经济体制改革取得突破性进展。按照建立社会主义市场经济体制的目标加快了改革步伐。1995 年以分税制为核心的新财政体制，以增值税为主体的新税制，已经基本建立并正常运行。城乡新建住房 43 亿平方米，人均居住面积扩大。1996 年国内生产总值达到 67700 多亿元，按可比价格计算，比上年增长 9.7%。城乡新建住房 11 亿平方米。1997 年国内生产总值达到 74772 亿元，按可比价格计算，平均每年增长 11%[①]。该阶段房地产发展迅速，进入了非理性炒作时期，建筑材料价格飞涨，投资规模急速扩张，调控的目标是抑制经济过热，对房地产市场进行大规模的清理和整顿，调整投资结构，整顿金融秩序，规范房地产市场行为。

3.2.2 调控政策及措施
1. 综合政策

1993 年 6 月，党中央、国务院发出了《关于当前经济情况和加强宏观调控的意见》，即 1993 年中央 6 号文件，规定了 16 条加强和改善宏观调控的措施。其中，有 3 条涉及财政政策，即限期完成国库券发行任务，强化税收管理，堵

---

① 参考 1997—1998 年政府工作报告。

住减免税的漏洞，严格控制社会集团购买力过快增长等①。

1994 年，国务院出台了《关于深化城镇住房制度改革的决定》确定建立以中低收入家庭为对象、具有社会保障性质的经济适用住房供应体系和以高收入家庭为对象的商品房供应体系；建立住房公积金制度；发展住房金融和住房保险，建立政策性和商业性并存的住房信贷体系；建立规范化的房地产交易市场和发展社会化的房屋维修、管理市场，逐步实现住房资金投入产出的良性循环，促进房地产业和相关产业的发展。

2. 信贷政策

1994 年 7 月确定住房公积金制度作为经济体制改革的一部分，由国家、单位、个人三者合理负担，由工作人员个人及其所在单位按照个人工资和职工工资总额的一定比例逐月交纳，用于购、建、大修住房使用，职工退休时，本息余额一次结清。个人和单位缴交率为 5%。

1993 年 6 月 23 日，国家宣告终止房地产公司上市，控制银行资金进入房地产，规定一律不准对房地产开发项目发放贷款，收回已经发放的贷款。1994年提高了存款利率，年利率为 14%。

3. 税收政策

1993 年 12 月，国务院发布了《中华人民共和国土地增值税暂行条例》，从 1994 年 1 月 1 日起开始征收土地增值税。

4. 其他措施

1994 年颁布了《房地产管理法》，对房地产转让、房地产抵押和房屋租赁进行规定，保障房地产权利人的合法权益，促进房地产行业的健康发展。1995年开始实施安居工程。1996 年，全面推行住房公积金制度；租金改革和公有住房出售有了新的进展；政策性贷款制度开始建立；安居工程顺利推进。

3.2.3 调控效果及评价

该阶段的调控取得了一定的效果，使得固定资产投资增速分别从 1992 年

---

①财政部财政科学研究所课题组，贾康，赵全厚.财政宏观调控方式的健全与完善 [J].经济研究参考,2009,2:50-61.

和 1993 年的 44.4%、61.8% 回落到 8.9%,房地产开发投资增速同比负增长 1.2%,GDP 增长率下降到 8.8%。但是紧缩银根的政策也产生了负面效果,引起房地产企业资金链断裂,广东珠三角和海南房地产企业破产,银行系统资金严重亏空,大量的烂尾楼出现。据中国人民银行调查统计,截至 1998 年底,海南房地产占压四大专业银行的金融资产累计达 406.57 亿元,且多数已成不良资产①。

房地产市场的建立为大力发展商品房奠定了基础,经过一段时间的发展,市场已经显示出过热的苗头,过多的资源投入该领域,引起了资源的浪费,宏观调控非常必要,根据该阶段的国民经济运行状况,固定资产投资增长速度,调控的时间很及时但力度过大,没有给房地产行业发展的空间,缩进银根一刀切。

住房公积金制度是房改的中心环节,保障住房制度改革提供了有效资金来源,形成国家、集体和个人三者筹资建房的机制,有利于住房资金的积累、周转和政策性贷款的建立,能够树立城镇职工住房商品意识、金融观念和自我保障意识。住房公积金的受益对象是国有企业和事业单位的职工,而没有参加该制度的集体企业和个体企业的职工、困难企业职工、没有单位的城市居民、城市工作的农民工将享受不到该制度带来的好处。这些人群往往是社会的弱势群体,应该受到国家的资助,同时住房公积金对高收入者来说,他交纳的越多,则以后从基金得到的收益就越多,从该角度看,该制度有失公平②。

该阶段土地出让以协议出让为主,缺乏有效的监督,在实际执行中权力寻租现象严重,国有土地资源流失现象严重,非法占用耕地的事件屡禁不止,土地价值未合理化。

◎ 3.3 1998 年—2002 年大力发展市场阶段

3.3.1 调控背景及目标

1996 年,国有企业亏损增加,经济效益下降,为了培植新的消费热点和经

---

①甘远志.海南房地产泡沫 [J].资本市场,2000,5:57-59.
②周运清,向静林.住房改革理论与实践的回顾与思考 [J].武汉房地,2009,11:8-13.

济增长点，国务院提出推进房改，把住宅发展成为消费热点。1997 年，亚洲金融危机爆发，中央政府明确把加大住宅建设作为扩大内需、拉动经济增长的重要方面，保持了国内经济的健康和稳定增长，1997 年国内生产总值达到 74772亿元，全社会固定资产投资预定增长 10%。在经济发展过程中某些领域出现过热、物价涨幅过高的问题。中央政府加强和改善宏观调控，有效地抑制了通货膨胀，经济增长 8.8%。1998 年国内生产总值比 1997 年增长 7.8%，下半年国有单位固定资产投资增长显著加快，全年增长 19.5%，全社会固定资产投资增长 14.1%。投资的较大幅度增加，对拉动经济增长发挥了明显作用。1999 年国内生产总值增长率达到预期目标，经济效益明显改善，经济结构有所调整，但是仍然不合理，有效需求不足。2000 年国内生产总值达到 89404 亿元，人均国民生产总值比 1980 年翻两番。城镇化进程加快、人口流动较大、居民收入不断提高，推动了住房的需求。2001 年国民经济保持良好发展势头，在世界经济增长明显减速的情况下，我国实施积极的财政政策和稳健的货币政策，实现了经济较快增长。国内生产总值达到 95933 亿元，比上年增长 7.3%[①]。这一时期中央政府对房地产市场的主要目标是扶持房地产市场，推动住房商品化，将房地产行业作为发展经济的增长点，消化积压房，重点发展经济适用房，满足中低收入群众的住房需求。

3.3.2　调控政策及措施

1. 综合政策

1998 年 7 月国务院颁布了《关于进一步深化城镇住房制度改革加快住房建设的通知》的 23 号文件。明确了城镇住房制度改革的目标是：停止住房实物分配，逐步实行住房分配货币化；建立和完善以经济适用住房为主的多层次城镇住房供应体系；发展住房金融，培育和规范住房交易市场。

2. 税收政策

1998 国家税务总局颁布了《调整房地产市场若干税收政策》。1999 年财政部和国家税务总局颁布了《个人出售住房所得征收个人所得税》，减少购房

---

① 资料来源：1999—2003 年政府工作报告。

成本和交易成本。地方政府也积极配合中央优化房地产交易环境，鼓励居民购房，扩大存量住房交易。

3. 信贷政策

中国人民银行《关于加大住房信贷投入支持住房建设与消费的通知》，全面实行购房按揭政策，鼓励住房消费，并极大推动了商品房建设的投资。并连续7次降低利率，同时利用住房公积金，为此国务院颁布了《住房公积金管理条例》和发展商业银行住房抵押贷款。

4. 土地政策

1999年国土资源部颁布了《闲置土地处理办法》。2001年5月，国务院下发了《关于加强国有土地资产管理的通知》，要求严格控制新增建设用地供应总量，依法实行土地有偿使用，推行土地使用权招标、拍卖。2002年6月，国土资源部颁发《招标拍卖挂牌出让国有土地使用权规定》，要求土地出让必须采取招拍挂方式。

3.3.3 调控效果及评价

通过房地产投资额等若干个指标的变化情况，我们可以对本阶段的调控效果进行相应的评价。指标相关数据详见表3-1、3-2。

表3-1　1998—2002年相关指标一览表

	年份	1997	1998	1999	2000	2001	2002
房地产投资额	金额（亿元）	3178.37	3614.23	4103.20	4984.05	6344.11	7790.92
	较上年增长率(%)	—	13.71	13.53	21.47	27.29	22.81
人均住宅增加面积	数额（平方米）	0.40	0.42	0.49	0.55	0.62	0.70
	较上年增长率(%)	—	5.28	15.92	11.74	13.63	12.09
经济适用房投资额	金额（万元）	1854959	2708523	4370211	5424365	5996464	5890455
	较上年增长率(%)	—	46.02	61.35	24.12	10.55	-1.77
别墅投资额	金额（万元）	1562955	1818526	1786233	2700142	3699241	5169632
	较上年增长率(%)	—	16.35	-1.78	51.16	37.00	39.75
土地购置费用	金额（亿元）	247.6	375.4	500	733.9	1038.8	1445.8
	较上年增长率(%)	—	51.62	33.19	46.78	41.55	39.18
当年购置土地面积	数额（万平方米）	6641.7	10109.3	11958.9	16905.2	23409	31356.8
	较上年增长率(%)	—	52.21	18.30	41.36	38.47	33.95

续表 3-1 1998—2002 年相关指标一览表

年份		1997	1998	1999	2000	2001	2002
土地价格	金额(元/平方米)	372.80	371.34	418.10	434.13	443.76	461.08
	较上年增长率(%)	—	-0.39	12.59	3.83	2.22	3.90
当年完成土地面积	数额(万平方米)	7371.3	7730.1	9319.6	11666.1	15315.8	19416
	较上年增长率(%)	—	4.87	20.56	25.18	31.28	26.77
待开发土地面积	数额(万平方米)	17670.1	13530.7	13505.2	14754.8	14582.1	19178.7
	较上年增长率(%)	—	-23.43	-0.19	9.25	-1.17	31.52
商品房销售价格	金额(元/平方米)	1997	2063	2053	2112	2170	2250
	较上年增长率(%)	—	3.30	-0.48	2.87	2.75	3.69

表 3-2 1998—2002 年相关指标一览表

年份		1997	1998	1999	2000	2001	2002
别墅销售价格	金额(元/平方米)	5382	4596	4503	4288	4348	4154
	较上年增长率(%)	—	-14.60	-2.02	-4.77	1.40	-4.46
经济适用房销售价格	金额(元/平方米)	1097	1035	1093	1202	1240	1283
	较上年增长率(%)	—	-5.65	5.60	9.97	3.16	3.47
城镇居民可支配收入	金额(元/年)	5160.3	5425.1	5854	6279.98	6859.6	7702.8
	较上年增长率(%)	—	5.13	7.91	7.28	9.23	12.29
房企经营收入	金额(万元)	22184557	29512078	30260108	45157119	54716555	70778478
	较上年增长率(%)	—	33.03	2.53	49.23	21.17	29.35
房企土地转让收入	金额(万元)	1032847	1322454	1032492	1296054	1889894	2251311
	较上年增长率(%)	—	28.04	-21.93	25.53	45.82	19.12
房企商品房销售收入	金额(万元)	17552061	24084097	25550245	38968215	47294194	61457990
	较上年增长率(%)	—	37.22	6.09	52.52	21.37	29.95
房企房屋出租收入	金额(万元)	387878	493192	627408	953237	1173453	1445728
	较上年增长率(%)	—	27.15	27.21	51.93	23.10	23.20
房企国内贷款	金额(万元)	9111902	10531712	11115664	13850756	16921968	22203357
	较上年增长率(%)	——	15.58	5.54	24.61	22.17	31.21
房企自筹资金	金额(万元)	9728831	11669821	13446210	16142122	21839587	27384451
	较上年增长率(%)	—	19.95	15.22	20.05	35.30	25.39
地方财政收入	金额(亿元)	4424.22	4983.95	5594.87	6406.06	7803.3	8515
	较上年增长率(%)	—	12.65	12.26	14.50	21.81	9.12

数据来源:国家统计局网站、中经网数据库和中国房地产信息网

从表中我们可以发现：

①房地产投资额持续增加。无论是经济适用住房还是别墅，投资额都是呈现增长态势。人均住宅面积增加了 0.3 平方米。土地购置费用大幅度增加，连续多年呈上升态势。当年购置土地面积呈上升趋势。土地价格呈上升趋势，其中 1999 年增长最多。待开发土地面积在 2000 年和 2002 年呈增长趋势，其他年份都是下降趋势。

②商品房销售价格在 1999 年有下降趋势，其他年份都是上升，在 2002 年增长较快。别墅销售价格呈下降趋势。经济适用房价格呈上升趋势。

③城镇居民可支配收入呈上升趋势，且收入增长的速度越来越快。城镇居民可支配收入从 5160.3 元增加到 7702.8 元。1998—2002 年增长率依次为 5.13%、7.91%、7.28%、9.23% 和 12.29%，明显高于商品房销售价格的增幅。

④房地产企业经营收入呈上升趋势。房地产企业土地转让收入在 1999 年下降，其他时间呈上升趋势。2001 年增长较多，增加 45%。房地产企业房产销售收入一直是上升趋势。房企出租房屋收入呈上升趋势。房企贷款额在 1999 年下降，其他时间都是上升态势。企业自筹金额始终处于上升趋势。

⑤地方财政收入也在逐年增加，并保持较高的增长速度，从 1998 年 12.65% 的增长率增加到 2001 年的 21.81% 的增长率，随后的 2002 年增幅回落到 9.12%。

这一阶段受到亚洲金融危机影响，政府是鼓励发展商品住房，从以上数据可以看出，取得了预期的效果。但是也存在一定的问题。经济适用房是政府想通过市场的手段来实现住房保障的功能，该制度本身就存在矛盾，没有其他政府补贴措施市场的效率决定了该制度体现不了住房的福利保障功能。之后，经济适用房并没有成为市场的主体。经济适用房的利润薄弱，成本高，而价格低，使得开发商都不愿意承担。经济适用房购买人群资格的确定比较模糊，中低收入人群难以有效界定，政策的执行中，很多人钻了空子，存在权力寻租现象，很多富裕阶层也住在经济适用房，而真正需要购买的人却没有资格购买，有失社会公平。

土地实行招拍挂制度，是为了有效杜绝寻租现象。全面市场化，促进了土地使用效率的提高，推动了土地价格的上升，增加了地方政府的财政收入。土地使用方式的巨大转变，成为其后影响房地产市场发展的重大举措之一。但在拍卖过程中，寻租现象依然存在，一些投标人互相串通，事先约定投标报价，控制中标结果，达到共享利益的目的，使国家利益受损。

纳税对社会的公平与效率产生着极大的导向作用，对住房购买的税收优惠提高了住房改善的积极性。所以该阶段，无论是税收、信贷和土地政策都是提高了效率，而对公平没有起到很大作用。在土地出让过程中进行充分竞价，效率是最高的。而为了减轻中低收入者的购房压力，政府可以利用土地出让金和对开发商的征税来予以补贴，以体现社会公平原则。但是政府没有把这部分资金用于中低收入购房者，这就产生了公平的缺失。

◎ 3.4　2003—2008 年 8 月紧缩调控阶段

3.4.1　调控背景及目标

2003 年中国经济发展从 1997、1998 年亚洲金融危机通货紧缩时期逐渐走出来了。经历了非典型性肺炎的冲击，经济发展依然保持了 9.3% 的增长速度。但是固定资产投资需求膨胀，货币信贷增长过快。2004 年，国内生产总值达到 13.65 万亿元，比上年增长 9.5%。固定资产投资率是 47.3%。2005 年经济平稳较快发展，全年国内生产总值达到 18.23 万亿元，比上年增长 9.9%；财政收入突破 3 万亿元，增加 5232 亿元；居民消费价格总水平上涨 1.8%。国民经济呈现增长较快、效益较好、价格较稳的良好局面，但是固定资产投资过快增长，房地产投资过快增长和房价上涨过快。2006 年国内生产总值 20.94 万亿元，比上年增长 10.7%；居民消费价格总水平上涨 1.5%。经济增长连续四年达到或略高于 10%，没有出现明显通货膨胀。重工业增长与投资增长之间有较强的正相关关系。2007 年，国内生产总值达到 24.66 万亿元，比 2002 年增长 65.5%，年均增长 10.6%，从世界第六位上升到第四位；全国财政收入达到 5.13 万亿元，增长 1.71 倍；外汇储备超过 1.52 万亿美元[①]。该阶段调控的主要目标是改变政府保障住房阶层的比例，抑制房地产投资增长过快，房价上涨过快，同时调整房地产市场住房的供给结构，满足中低收入阶层的住房需求。

---

①参考 2004—2008 年政府工作报告。

3.4.2 调控政策及措施

1. 综合政策

2003年8月12日国务院颁发了《关于促进房地产市场持续健康发展的通知》，肯定了房地产的发展和贡献，加强经济适用住房的建设，控制高档商品房建设，增加普通商品住房供应，建立和完善廉租住房制度，将房地产业定性为"促进消费，扩大内需，拉动投资增长，保持国民经济持续快速健康发展"的"支柱性产业"，并将经济适用房从"住房供应主体"改变为"具有保障性质的政策性商品住房"，提供对象由80%的普通市民变为10%左右的市民，该文件被称之为"指导当前和今后一段时期我国房地产市场发展的纲领性文件"。

2005年3月17日，国务院下发了《关于切实稳定住房价格的通知》，指出要切实调整市场供给结构，抑制房价过快上涨。同年4月27日，国务院常务会议提出进一步加强房地产市场宏观调控问题。强化规划调控，改善商品房结构、加大土地供应调控力度、加强对普通商品住房和经济适用住房价格的调控，保证中低价位、中小户型住房的有效供应、完善城镇廉租住房制度，保障最低收入家庭基本住房需求，运用税收、金融等调控，整顿和规范市场秩序，完善市场信息披露制度。4月30日，国务院办公厅转发了《关于做好稳定住房价格工作意见的通知》，关注重点仍然是中低阶层居住问题，希望通过对中小户型和中低价位住房的优惠政策来调节市场供求。地产新政之后，调控政策基本上是前面政策的延续和深化。

2006年5月17日，国务院常务会议提出了促进房地产健康发展的六项措施，随后，国务院办公厅转发建设部等九部门《关于调整住房供应结构稳定住房价格的意见》，将调整住房结构供应、稳定住房价格列为两大重点，奠定了2006年房地产调控的"主线"。

2006年5月24日，国务院办公厅转发了建设部等部门《关于调整住房供应结构稳定住房价格意见的通知》落实调整住房结构，主要是针对住房供应结构进行调整。

2006年5月29日，国务院办公厅转发了《关于调整住房供应结构稳定住房价格的意见》，其中规定"自2006年6月1日起，凡新审批、新开工的商品住房建设，套型建筑面积 90 平方米以下住房面积所占比重，必须达到开发建设总面积的 70% 以上"该条例在套型面积、小户型所占比率、新房首付款等方面作出了量化规定，提出 90 平方、双 70% 的标准。

2007 年 1 月，建设部和央行联合发布《关于加强房地产经纪管理规范交易结算资金账户管理有关问题的通知》，规定房地产经纪机构或交易保证机构必须在银行开立客户交易结算资金专用存款账户，用于存量房交易结算资金的存储和划转，资金划转通过银行转账方式进行，不得支取现金。

2007 年 8 月，国务院颁布了《关于解决城市低收入家庭住房困难的若干意见》发布，要求建立廉租房制度，保障低收入家庭住房需求。随后，新的《廉租住房保障办法》和《经济适用住房管理办法》以及财政部关于《廉租住房保障资金管理办法》相继出台。

2008 年 3 月，建设部 70/90 政策适用范围扩大到经济适用住房。

2. 信贷政策

2003 年 6 月 13 日，央行发布了《关于进一步加强房地产信贷业务管理的通知》，该通知严格规范了对房地产开发贷款，重点支持符合中低收入家庭购买能力的住宅项目，控制土地储备贷款、规范建筑施工企业流动资金贷款，加强个人住房贷款管理。

2004 年 4 月 27 日，国务院规定要适当提高包括房地产开发在内的四大行业固定资产投资项目资本金比例，房地产开发（不含经济适用房项目）由 20% 及以上提高到 35% 及以上；2005 年 3 月 17 日，央行调整房贷利率，是继 2004 年 10 月 29 日中国人民银行上调金融机构存贷款基准利率后不到 1 个月，个人住房贷款利率再次上调。

2006 年 7 月六部委联合出台《关于规范房地产市场外资准入和管理的意见》，拉开规范和限制外资的大幕，其后陆续又有新的补充性政策出台，其中 2007 年出台的《关于进一步加强、规范外商直接投资房地产业审批和监管的通知（50 号文）》把外资投资房地产的审批权收至商务部。

2006 年 8 月 19 日，一年期存、贷款基准利率均上调 0.27%。2007 年 3 月 18 日到 2007 年 9 月 15 日，央行更是五次上调金融机构一年期存贷款基准利率，分别达到了 3.87% 和 7.29%。2007 年 9 月 27 日，中国人民银行、中国银保监会联合发布《关于加强商业性房地产信贷管理的通知》，对商业性房地产信贷政策进行调整，规定不得对囤积土地、囤积房源的房地产开发企业发放贷款，加强房地产信贷征信管理等。

2007年9月，中国人民银行和银保监会发布《关于加强商业险房地产信贷管理的通知》，对商业性房地产信贷政策进行了调整，规定申请购买第二套以上住房的，贷款首付比例不得低于40%。

2008年3月25日，上调存款类金融机构人民币存款准备金率0.5个百分点，达到15.5%，创下历史新高。4月20日，再次上调存款类金融机构人民币存款准备金0.5个百分点；5月20日，再次上调存款类金融机构人民币存款准备金0.5个百分点。

2008年7月1日起《商务部关于做好外商投资房地产业备案工作的通知》，外商投资房地产业要备案，外商投资房地产要由地方商务部门批准，报商务部备案的材料送省级商务主管部门进行核对。每季度随机抽查5—10家，经核查不符合现行规定的外商投资房地产企业，取消公司外汇登记，并取消其外资统计。

3. 税收政策

2005年7月1日，国家税务总局、财政部和国土资源部颁布了《关于加强土地税收管理的通知》要促进土地的节约和集约利用。同时，国家税务总局颁布了《进一步加强房地产税收的通知》，加强房地产税收管理，调控我国房地产行业的快速发展。

2006年6月16日，财政部、国家税务总局颁布了关于《调整房地产营业税有关政策的通知》，规定个人将购买不足5年的住房对外销售的，将全额征收营业税。个人将购买超过5年（含5年）的普通住房对外销售的，免征营业税；个人将购买超过5年（含5年）的非普通住房对外销售的，按其销售收入减去购买房屋的价款后的余额征收营业税。

2007年1月，国家税务总局发布《关于房地产开发企业土地增值税清算管理有关问题的通知》，提出从2007年2月1日起，明确房地产开发企业土地增值税将实行清算方式缴纳。

4. 土地政策

2003年2月18日，国土资源部发布紧急通知，要求停止别墅类用地的土地供应，清理园区用地，加强土地供应调控。9月，国土资源部颁布了《关于加强土地供应管理促进房地产市场持续健康发展的通知》，各地要充分发挥土地供应对房地产市场的调控作用，促进房地产市场持续健康发展。11 月，国务院关于加大工作力度进一步治理整顿土地市场秩序的紧急通知，针对地方政府对中央政策执行不力，片面追求短期经济效益，对治理整顿工作重视不够，处于等待和观望状态；开发区清理整顿还停留在摸清底数和查找问题阶段，处理工作尚未全面开展，一些地方开发区盲目扩张的势头还在继续；征地补偿不落实，农民失地失业的问题还没有解决。2004 年 3 月 30 日，国土资源部、国家监察委员会联合下发了《关于继续开展经营性土地使用权招标拍卖挂牌出让情况执法监察工作的通知》，要求从即日起就"开展经营性土地使用权招标拍卖挂牌出让情况"进行全国范围内的执法监察，各地须在 2004 年 8 月 31 日前将历史遗留问题处理完毕。并于 8 月 28 日，对土地征用者进行了补充。2006 年 8 月 31 日，国务院颁布了《国务院关于加强土地调控有关问题的通知》，针对建设用地总量增长过快，低成本工业用地过度扩张，违法违规用地、滥占耕地现象屡禁不止，严把土地"闸门"。

2007 年 1 月，国土资源部发出《关于调整报国务院批准城市建设用地审批方式有关问题的通知》，提出由国务院分批次审批的农用地转用和土地征收，调整为每年由省级人民政府汇总后一次申报。8 月，国土资源部、建设部等五部委联合发出《关于开展国有土地使用权出让情况专项清理工作的通知》，决定集中半年时间，在全国开展固有土地使用权出让情况专项清理工作，对 2005 年至 2007 年供应的所有建设用地逐宗进行清理。2007 年 10 月，国土资源部发布《招标拍卖挂牌出让国有建设用地使用权规定》（39 号令），要求从 11 月 1 日起，受让人必须付清整宗土地全部出让金后，方可领取国有建设用地使用权证。2007 年 12 月，国土资源部、财政部和央行联合颁布《土地储备管理办法》，对土地储备机构申请贷款及抵押贷款的条件、土地储备机构的贷款规模及相关管理措施等作出了严格规定。

5. 其他政策

2007 年 3 月 16 日，全国人民代表大会第五次会议表决通过了《中华人民共和国物权法》，物权法规定："住宅建设用地使用权期间届满的，自动续期"打消了民众对 70 年使用期满后国家回收土地的顾虑，有利于提高其购买不动产的积极性。

3.4.3 调控效果及评价

通过房地产投资额等若干个指标的变化情况，我们可以对本阶段的调控效果进行相应的评价。指标相关数据详见表 3-3 ～ 3-5。

表 3-3　2003—2007 年相关指标一览表

年份		2002	2003	2004	2005	2006	2007
房地产投资额	金额（亿元）	7790.92	10153.80	13158.25	15909.25	19422.92	25288.84
	较上年增长率（%）	—	30.33	29.59	20.91	22.09	30.20
人均住宅增加面积	数额（平方米）	0.70	0.79	0.78	0.95	0.97	1.02
	较上年增长率（%）	—	13.65	-1.18	21.59	1.71	5.50
经济适用房投资额	金额（万元）	5890445	6219833	6063880	5191806	6968397	8209260
	较上年增长率（%）	—	5.59	-2.51	-14.38	34.22	17.81
别墅投资额	金额（万元）	5169632	6329872	10736486	10494059	14449996	18071230
	较上年增长率（%）	—	22.44	69.62	-2.26	37.70	25.06
土地购置费用	金额（亿元）	1445.8	2055.2	2574.5	2904.4	3814.5	4873.2
	较上年增长率（%）	—	42.15	25.27	12.81	31.34	27.75
当年购置土地面积	数额（万平方米）	31356.8	35696.5	39784.7	38253.7	36573.6	40245.8
	较上年增长率（%）	—	13.84	11.45	-3.85	-4.39	10.04
土地价格	金额（元/平方米）	461.08	575.74	647.11	759.25	1042.97	1210.86
	较上年增长率（%）	—	24.87	12.40	17.33	37.37	16.10

表 3-4　2003—2007 年相关指标一览表

	年份	2002	2003	2004	2005	2006	2007
当年完成土地面积	数额（万平方米）	19416	22166.3	19740.2	22676.2	27128.4	27566.2
	较上年增长率（%）	—	14.17	-10.94	14.87	19.63	1.61
待开发土地面积	数额（万平方米）	19178.7	21782.6	39635.3	27522	37523.7	41484
	较上年增长率（%）	—	13.58	81.96	-30.56	36.34	10.55
商品房销售价格	金额（元/平方米）	2250	2359	2778	3168	3367	3864
	较上年增长率（%）	—	4.84	17.76	14.04	6.28	14.76
别墅销售价格	金额（元/平方米）	4154	4145	5576	5834	6585	7471
	较上年增长率（%）	—	-0.22	34.52	4.63	12.87	13.45
经济适用房销售价格	金额（元/平方米）	1283	1380	1482	1655	1729	1754
	较上年增长率（%）	—	7.56	7.39	11.67	4.47	1.45
城镇居民可支配收入	金额（元/年）	7702.8	8472.2	9421.6	10493	11759.5	13785.81
	较上年增长率（%）	—	9.99	11.21	11.37	12.07	17.23
房企经营收入	金额（万元）	70778478	91372734	133144608	147693468	180467598	233971284
	较上年增长率（%）	—	29.10	45.72	10.93	22.19	29.65
房企土地转让收入	金额（万元）	2251311	2797200	4100917	3414314	3006480	4279204
	较上年增长率（%）	—	24.25	46.61	-16.74	-11.94	42.33
房企商品房销售收入	金额（万元）	61457990	81536881	117522041	133167682	166213595	216042073
	较上年增长率（%）	—	32.67	44.13	13.31	24.82	29.98
房企房屋出租收入	金额（万元）	1445728	1643335	3055765	2902876	3167902	3868068
	较上年增长率（%）	—	13.67	85.95	-5.00	9.13	22.10

表 3-5　2003—2007 年相关指标一览表

	年份	2002	2003	2004	2005	2006	2007
房企国内贷款	金额（万元）	22203357	31382699	31584126	39180778	53569795	70156355
	较上年增长率（%）	—	41.34	0.64	24.05	36.72	30.96
房企自筹资金	金额（万元）	27384451	37706891	52075627	70003924	85970853	117725316
	较上年增长率（%）	—	37.69	38.11	34.43	22.81	36.94
地方财政收入	金额（亿元）	8515	9849.98	11893.37	15100.76	18303.58	23572.62
	较上年增长率（%）	—	15.68	20.75	26.97	21.21	28.79

数据来源：国家统计局网站、中经网数据库和中国房地产信息网

从表中我们可以发现:

①房地产投资额持续增加。别墅投资额除在 2005 年出现小幅回落外,一直保持较高的增长速度。经济适用住房投资额呈现先下降后上升的趋势。

②人均住宅增加面积从 0.70 平方米增加到 1.02 平方米。城镇居民可支配收入从 2002 年的 7702 元增加到 2007 年的 13785 元,增长率比房地产价格增速快。2003-2007 年增长率依次为 9.99%、11.21%、11.37%、12.07% 和 17.23%。除 2004 年和 2005 年增幅低于商品房销售价格的增幅外,其他年份均高于商品房销售价格的增幅。

③土地购置费呈上升趋势,当年土地购置面积在 2005 年和 2006 年有下降情况,其他时间都是上升趋势。土地价格一直是上涨的趋势。2006 年的增幅高达 37.37%,2006 年购置土地面积出现负的增长率,幅度达 -4.39%。当年完成土地面积在 2004 年是下降趋势,其他时间都是上升趋势。

④商品房销售价格呈上升趋势。别墅销售价格除 2004 年出现较大的增幅外,其他年份基本保持稳定的增长率。经济适用房销售价格除 1998 年小幅回落外,其他年份均保持正的增长率。

⑤房企经营收入除 2004 年出现较大的增幅外,其他年份均保持相对稳定的增幅。房企土地转让收入呈波浪线变化趋势。房企商品房销售收入呈上升趋势。房企的资金来源中自筹资金的增幅相对比较稳定,国内贷款部分的增幅波动较大,从 41.34% 到 0.64% 不等。房企出租房屋在 2005 年有所下降,其他时间都是上升趋势。

⑥地方财政收入也在逐年增加,并保持较高的增长速度,从 2003 年到 2007 年的增长率依次为 15.68%、20.75%、26.97%、21.21% 和 28.97%。

该阶段的调控是抑制房地产过度发展阶段,但是从数据来看,房价依然是上升的,只是增速在 2007 年有所回落,总体调控措施没有起到应该有的效果。政府无法对市场的走向做出准确的判断,所以才会出现 2003 年抑制房地产开发投资,之后又撤销央行发布的《关于进一步加强房地产信贷业务管理的通知》,继续对房地产扶持。房地产市场属性决定了它调节的盲目性,而对市场状况的认识又决定了政府调节的方向。政策的出台没有全局性和前瞻性。仅针对当期供应和当期需求,对预期几乎没有影响,对市场调控过于频繁,行政干预过多。同时政策又产生了其他问题,政策从出台到有效存在一个时滞,同时市场中还有其他主体会影响政策的作用效果，整个政策执行是一个动态博弈过程，政府没有充分考虑到其他主体的反应。当土地从协议转让变为招拍挂的时间间隔，让开发商开展了一轮集中"圈地运动"。不少开发商在拿这批土地时全都非常地匆忙，甚至有些盲目，根本没有对未来市场给予充分的分析，没有对地块进行调研，市政配套如何、拆迁能不能拆得动、房子会不会有人买根本不考虑，开发商当时拿地的目的是自己开发、囤地、倒卖。但是随着土地政策越来越严厉，倒卖土地被封死，致使一些土地囤积在手里，而这些人根本没有能力开发，在拿地之后政策随之变化，造成其自有资金的不足，这部分不足又不能通过预售回笼等手段加以弥补，因而陷入拿地成功却又无钱开发的境地。

该阶段政策追求公平，但是却破坏了公平。公平是权利和机会的平等，其中包括了交易权利和交易机会的平等。该政策使政府违背合同，并不有利房价稳定，将住宅产业化政策与住宅保障政策没有明确区分。很多土地是昂贵的价格拍卖出来的，最终还是要转嫁给消费者。不同的房地产项目追求的目标是不一样的，在政府出台这个政策时候，它已经设计好了，无法改变，但是面对这样的政策，只能规避，而不是执行。70/90 的规定（70% 以上的商品房面积必须在 90 平方米以下）既限制了消费者的自由选择权，也限制了开发商的经营自主权，在实际的执行过程中，效果并不理想。"90/70"政策被开发商变通，大户型房产成本低、好卖、赚钱，所以开发商按大户型设计房子，但用可以打开的分隔墙隔开，以"70/90 政策标准"报批、报建，以大户型销售，且该政策属于一刀切，降低了政策的可执行程度，小户型的热销，单价拉高，带动房价全面上升。

中央政府对房地产市场中其他主体消费者和地方政府对政策的反应考虑不足。从土地政策持续的执行效果看，中央政府也认识到问题的所在，看到地方政府对土地政策执行不力，大力建设经济开发区和高新技术开发区的现象依然存在。中央政府不断出台政策来督促地方政府执行土地政策，但是这些政策并没有触到问题的实质。地方政府从自己立场出发没有动力和动机来全面贯彻中央政府的政策，他们在观望，就是与中央政府在博弈。税收政策考虑消费者的反应不足，中央政府用税收政策来打击将房地产作为投资方式的消费者，对个人购买住房不足 5 年进行出售的住房征收全额交易税，而对个人购买住房超过5 年进行出售的免征营业税，该政策目的在打击投机者，但是他们往往会把这个税收又转移到住房购买者身上，在实际中调控力度不大，效果并不理想。

◎ 3.5 2008年9月—2009年5月扶持房地产政策

3.5.1 调控背景及目标

2007年12月中央经济工作会议确定了2008年实行稳健的财政政策和从紧的货币政策。2008年中国经历了汶川大地震和南方发生罕见的雪灾，下半年，由于受美国次贷危机影响，国际经济形势急转直下，迅速演变成国际金融危机，对我国经济影响明显加大。随着CPI连续回落，使中央政府宏观调控的着力点转到防止经济增速过快下滑上来，宏观调控的首要任务为保持经济平稳较快增长、控制物价过快上涨，并在11月决定实行积极的财政政策和适度宽松的货币政策。2008年国内生产总值超过30万亿元，比上年增长9%，固定投资名义增速与2007年基本持平，但由于固定资产投资价格的高涨，2008年的实际投资增速出现了大幅度的下滑，全年较2007和2006年分别下滑4.8和3.4个百分点。这是仅次于外需对中国经济增长回落的第二大因素。

2009年，2008年国际金融危机还在扩散，全球经济继续下行，我国出口大幅下降，很多企业经营困难，大量劳动力失业。2009年中央政府公共投资9243亿元，比上年预算增加5038亿元，其中，保障性住房、农村民生工程等占44%，全社会固定资产投资增长30.1%，投资结构进一步优化。2009年国内生产总值达到33.5万亿元，比上年增长8.7%。2009年，全社会固定资产投资224846亿元，比上年增长30.1%，增幅比上年提高4.2个百分点。从年内运行状况看，2009年固定资产投资增长呈前高后低态势。上半年，全社会投资同比增长33.5%，下半年增长27.9%；上半年城镇投资增长33.6%，下半年增长28.5%。城镇居民人均可支配收入17175元，农村居民人均纯收入5153元，实际增长9.8%和8.5%。减免住房交易相关税收，支持自住性住房消费，商品房销售9.37亿平方米，增长42.1%。

由于受到世界金融危机的影响，房地产市场也受到影响出现了周期性变化，由增长期转变为衰退期。该阶段中央政府的调控目标是保持房地产市场稳定，遏制房价过快上涨，保障中低收入家庭的住房，大力发展经济适用房和廉租房，增加普通商品住房，支持居民自住和改善性购房需求。

3.5.2 调控政策及措施

1. 综合性政策

2008 年 11 月 10 日，国务院出台了投资 4 万亿人民币拯救经济，首条内容是"加快建设保障性安居工程"。计划在三年内要新增加 200 万套廉租房、400 万套经济适用房，并完成 220 多万户林业、农垦和矿区的棚户区改造工程，总投资将达到 9000 亿元。其中，对廉租房投资 2150 亿，棚户区改造投资 1015 亿元，经济适用房投资 6000 亿元，综合约 9000 亿元。通过 9000 亿元的住房保障投资，政府预计将解决约 1300 万户低收入家庭的住房困难问题。

2008 年 12 月 20 日国务院办公厅出台《关于促进房地产市场健康发展的若干意见》，加大对自住型和改善型住房消费的信贷支持力度。在落实居民首次贷款购买普通自住房，享受贷款利率和首付款比例优惠政策的同时，对已贷款购买一套住房，但人均住房面积低于当地平均水平，再申请贷款购买第二套用于改善居住条件的普通自住房的居民，可比照执行首次贷款购买普通自住房的优惠政策。

确定要加大保障性住房建设力度，争取用 3 年时间基本解决城市低收入住房困难家庭住房及棚户区改造问题。到 2011 年年底，基本解决 747 万户现有城市低收入住房困难家庭的住房问题，基本解决 240 万户现有林区、垦区、煤矿等棚户区居民住房的搬迁维修改造问题。2009 年到 2011 年，全国平均每年新增 130 万套经济适用住房。多渠道筹集建设资金：中央加大对廉租住房建设和棚户区改造的投资支持力度，地方各级人民政府也要相应加大投入力度，商业银行要加大信贷支持力度。开展住房公积金用于住房建设的试点：在部分地区试点将部分住房公积金闲置资金补充用于经济适用住房等住房建设。对不符合廉租住房和经济适用住房供应条件，又无力购买普通商品住房的家庭，采取发展租赁住房等多种方式，因地制宜解决其住房问题[1]。

2. 信贷政策

2008 年 9 月 15 日，中国人民银行宣布从 9 月 16 日起，下调一年期人民币

---

[1]国务院，《关于促进房地产市场健康发展的若干意见》，2008-12-11。

贷款基准利率 0.27 个百分点，以及下调存款准备金率 0.5%。

2008 年 10 月 22 日，中国人民银行出台《扩大商业性个人住房贷款利率下浮幅度，支持居民首次购买普通住房》，对居民首次购买普通自住房和改善型普通自住房的贷款需求进行鼓励，金融机构可在贷款利率和首付款比例上按优惠条件给予支持，同时下调个人住房公积金贷款利率。

2008 年 12 月 3 日，中国人民银行、中国银行保险监督管理委员会出台《廉租住房建设贷款管理办法》，主要对新建廉租住房项目资本金不低于项目总投资 20% 的比例；改建廉租住房项目资本金不低于项目总投资 30% 的比例。廉租住房建设贷款利率应按中国人民银行公布的同期同档次贷款基准利率下浮 10% 执行。廉租住房建设贷款期限最长不超过 5 年，具体由借贷双方协商确定。专款专用，不得挤占挪用。廉租住房建设贷款应为担保贷款。

3. 税收政策

2008 年 10 月 22 日，财政部和国家税务总局联合下发《关于调整房地产交易环节税收政策的通知》，对个人首次购买 90 平方米及以下普通住房的，契税税率暂统一下调到 1%。首次购房证明由住房所在地县（区）住房建设主管部门出具，对个人销售或购买住房暂免征收印花税，对个人销售住房暂免征收土地增值税。

2008 年 12 月 20 日国务院办公厅出台《关于促进房地产市场健康发展的若干意见》，将现行个人购买普通住房超过 5 年（含 5 年）转让免征营业税，改为超过 2 年（含 2 年）转让免征营业税；将个人购买普通住房不足 2 年转让的，由按其转让收入全额征收营业税，改为按其转让收入减去购买住房原价的差额征收营业税。

4. 土地政策

2008 年 10 月中共十七届三中全会上，做出了《中共中央关于推进农村改革发展若干重大问题的决定》改革征地制度，严格界定公益性和经营性建设用地，逐步缩小征地范围，完善征地补偿机制；逐步建立城乡统一的建设用地市场，农村集体经营性建设用地市场化出让，与国有土地享有平等权益；完善农村宅基地制度，严格宅基地管理，保障农户宅基地用益物权。土地或可转让抵押继承，为小产权房出路提供了一个方向。

3.5.3 调控效果及评价

经过几个月的大力扶持，房地产市场又开始回暖，房价开始上升，购买土地面积、新开工面积等都开始回升。关于这个阶段的调控，存在很多争论，但是调控效果确实很明显，房地产经过短暂的低迷，又恢复了增长的状态。从后面的房地产市场的表现来看，如果当初不进行调控，房地产市场升温会缓慢很多。

◎ 3.6　2009 年 6 月—2014 年 8 月抑制商品房，发展保障房

3.6.1 调控背景及目标

2008 年季度 GDP 增速分别是 10.6%、10.1%、9%、6.8%。2009 年季度 GDP 增速分别是 6.1%、7.9%、8.9% 和 10.7%。经过一系列调控政策，在 2009 年第四季度，GDP 增速又恢复到了 10%。2010 到 2012 年均 GDP 增长 10.2%，达到 53.8 万亿，财政收入从 8.31 万亿元增加到 11.7 万亿元。城镇居民人均可支配收入增长 8.6%，农村居民人均纯收入增长 10.6%。

2012 年固定资产投资增长较快，较 2011 年增长了 20.3。全社会固定资产投资 374694.7 亿元，同比增长 20.3%。其中，城镇固定资产投资 364854.7 亿元；农村固定资产投资 9840 亿元。在城镇固定资产投资中，第一产业投资增长 25.6，第二产业投资增长 19.5%，第三产业投资增长 20.7%。全社会固定资产投资 64412.8 亿元，房地产开发投资 49374.2 亿元。2012 年开始，我国 GDP 增速为 7.8%，结束了 20 多年 GDP 高速增长时期。GDP 增速进入中速增长时期。2012 年，中央经济工作会议就提出，2012 年要坚持房地产调控政策不动摇，促进房价合理回归。

2013 年 3 月 14 日，在人民大会堂举行十二届全国人大第四次全体会议，选举了习近平同志为核心的党中央新一代的领导人。2013 年 12 月，中央经济工作会议习近平总书记首次提出"新常态"。"新常态"的内涵：从高速增长转为中高速增长；经济结构不断优化升级，第三产业、消费需求逐步成为主体，城乡区域差距逐步缩小，居民收入占比上升，发展成果惠及更广大民众；从要素驱动、投资驱动转向创新驱动。2013 年国内生产总值从 26.6 万亿元增加到

51.9 万亿元，跃升到世界第二位。新建各类保障性住房 1800 多万套，棚户区改造住房 1200 多万套。中央明确 2013 年经济工作"稳中求进"总基调，提出避免出现新的经济过热，确定加快调整经济结构、转变经济发展方式，持续扩大内需。继续搞好房地产市场的调控，加强保障性住房的建设，确保基本住房价格的稳定。2013 年全年的推进利率市场化。2013 年固定资产投资 446294.09 亿元，较 2012 年增长了 19%。

2014 年，国内生产总值达到 56.9 万亿元，比上年增长 7.7%。固定资产投资 512020.65 亿元，较 2013 年增长了 14.7%。城镇居民人均可支配收入实际增长 7%，农村居民人均纯收入实际增长 9.3%，农村贫困人口减少 1650 万人，城乡居民收入差距继续缩小。实施积极的财政政策和稳健的货币政策。坚持走中国特色新型工业化、信息化、城镇化、农业现代化道路，加快转化方式调结构促升级，加强基本公共服务体系建设，着力保障和改善民生，切实提高发展质量和效益。

3.6.2 调控政策及措施

1. 综合政策

2009 年 12 月国务院常务会议上，提出增加供给、抑制投机、加强监管、推进保障房建设等四大举措，会议同时明确表态"遏制房价过快上涨"。一是增加普通商品住房的有效供给。二是继续支持居民自住和改善型住房消费，抑制投资投机性购房。三是加强市场监管。四是继续大规模推进保障性安居工程建设。

2010 年 1 月，国务院办公厅发布《关于促进房地产市场平稳健康发展的通知》。规定第二套住房的贷款首付款比例不得低于 40%。增加住房建设用地有效供应，提高土地供应和开发利用效率。大力发展中低价位、中小套型普通商品住房和限价商品住房、公共租赁住房、经济适用住房、廉租住房。加强监控跨境投融资活动，防境外"热钱"冲击中国市场。

2010 年 4 月，国务院发布《关于坚决遏制部分城市房价过快上涨的通知》。指出商品住房价格过高、上涨过快、供应紧张的地区，商业银行可根据风险状况，暂停发放购买第三套及以上住房贷款；对不能提供 1 年以上当地纳税证明或社会保险缴纳证明的非本地居民暂停发放购买住房贷款。

2011 年 1 月 26 日，国务院办公厅印发《关于进一步做好房地产市场调控工作有关问题的通知》，简称"新国八条"，二套房贷首付将提升至 60%。很多市按户限购。1 月 27 日，国务院同意在部分城市对个人住房征收房地产税改革试点，具体征收办法由试点省、自治区、直辖市自行制定。

2011 年 7 月 12 日，国务院常务会议为抑制二三线城市房价上涨过快而制定五条限购措施，简称"国五条"。

2011 年 11 月，国务院办公厅印发《国务院关于坚决遏制部分城市房价过快上涨的通知》，进一步落实地方政府责任、加大保障性安居工程建设力度、调整完善相关税收政策，加强税收征管，强化差别化住房信贷政策，严格住房用地供应管理、合理引导住房需求、落实住房保障和稳定房价的约谈问责机制、坚持和强化舆论引导。在第六条中提出从严制定和执行住房限购措施，限购政策出台。

2012 年 7 月，国务院印发了《国家基本公共服务体系"十二五"规划》，明确提出"十二五"时期基本住房保障服务的国家基本标准，要"增加廉租住房不低于 400 万套，新增发放租赁补贴不低于 150 万户，增加公共租赁住房不低于 1000 万套，改造棚户区居民住房不低于 1000 万户，改造农村危房 800 万户以上，基本完成 24.6 万户游牧民的定居任务"。

2013 年 2 月 26 日，国务院办公厅《关于继续做好房地产市场调控工作的通知》中央提出要继续做好房地产市场调控工作，具体包括：第一，完善稳定房价工作责任制。第二，坚决抑制投机投资性购房。对拥有 1 套以上住房的非当地户籍居民家庭、无法连续提供一定年限当地纳税证明或者社会保险费缴纳证明的非当地户籍居民家庭，暂停在本行政区域以内向其售房。第三，增加普通商品住房及用地供应。第四，加快保障性安居工程规划建设。第五，加强市场监管，俗称"新国五条"。税务、住房城乡建设部门要密切配合，对于出售自有住房应当征收个人所得税 20% 计征。扩大个人住房房产税试点城市经验，推进扩大试点工作。加强存量房交易税收征管工作。

2013 年 3 月 1 日，国务院出台《关于继续做好房地产调控工作通知》，坚决抑制投机投资性购房、增加普通商品住房及用地供应、加快保障性安居工程规划建设。

2013 年 7 月，国务院提出《关于金融支持经济结构调整和转型升级的指导意见》，认真执行房地产调控政策，落实差别化住房信贷政策。

2013年11月，《中共中央关于全面深化改革若干重大问题的决定》，三中全会通过加快房地产税立法，房价涨幅超过10%，地方政府跟风调控。

2013年12月，住建部为2014年楼市定调：要保持楼市调控稳定及连续性。

2014年3月5日，国务院总理李克强在政府工作报告中提出：针对不同城市情况分类调控，增加中小套商品房和共有产权住房供应，抑制投机性需求，促进房地产市场持续健康发展。

2. 信贷政策

2008年12月8日《国务院办公厅关于当前金融促进经济发展的若干意见》提出，开展房地产信托投资基金试点，拓宽房地产企业融资渠道，发挥债券市场避险功能，稳步推进债券市场交易工具和相关金融产品创新。

2010年1月，中国人民银行决定，从2010年2月25日起，上调存款类金融机构人民币存款准备金率0.5个百分点。2月，银保监会发布办法打击炒房者，流动资金贷款不得用于固定资产投资。4月11日，银保监会指出，银行业金融机构要增强风险意识，对投机投资购房不贷款，如无法判断，则应大幅度提高贷款的首付款比例和利率水平，加大差别化信贷政策执行力度。

2010年4月18日，国务院发布通知商品住房价格过高、上涨过快、供应紧张的地区，商业银行可根据风险状况，暂停发放购买第三套及以上住房贷款；对不能提供一年以上当地纳税证明或社会保险缴纳证明的非本地居民暂停发放购买住房贷款。

2010年9月29日，国家有关部委要求在房价过高、上涨过快、供应紧张的城市，要在一定时间内限定居民家庭购房套数，完善差别化的住房信贷政策，对贷款购买商品住房，首付款比例调整到30%及以上；对贷款购买第二套住房的家庭，严格执行首付款比例不低于50%、贷款利率不低于基准利率1.1倍的规定。各商业银行暂停发放居民家庭购买第三套及以上住房贷款，要加强对消费性贷款的管理，禁止用于购买住房；切实增加住房有效供给。

2010年10月19日，中国人民银行宣布，自20日起，金融机构一年期存款基准利率上调0.25个百分点，由现行的2.25%提高到2.50%；一年期贷款基准利率上调0.25个百分点，由现行的5.31%提高到5.56%；其他各档次存贷款基准利率据此相应调整。

2010 年 11 月 3 日，住房城乡建设部、财政部、中国人民银行、银保监会联合印发《关于规范住房公积金个人住房贷款政策有关问题的通知》。公积金新政强调，第二套住房公积金个人住房贷款利率不得低于同期首套住房公积金个人住房贷款利率的 1.1 倍，首付款比例不得低于 50%，严禁使用住房公积金个人住房贷款进行投机性购房，并停止向购买第三套及以上住房的缴存职工家庭发放住房公积金个人住房贷款。

2011 年 1 月 20 日，金融机构上调存款类金融机构人民币存款准备金率 0.5 个百分点。2 月 9 日，个人住房公积金贷款利率上调，5 年期以上上调 0.2 个百分点。

2012 年 1 月，财政部发布了《关于切实做好 2012 年保障性安居工程财政资金安排等相关工作的通知》。提出 2012 年中央财政安排保障性安居工程补助资金将大于 2011 年；省级财政也要加大对本地区财政困难市、县支持力度，省级安排的补助资金要比 2011 年有所增加；市县财政部门要切实加大公共预算安排用于保障性安居工程资金规模，确保土地出让收益和住房公积金增值收益按规定用于保障性安居工程建设。加强资金监督管理，确保资金专款专用。

2012 年 2 月，中国人民银行金融市场工作座谈会上，确定金融市场和信贷政策工作重点及落实措施，提出要"继续落实差别化住房信贷政策，完善融资机制，改进金融服务，加大对保障性安居工程和普通商品住房建设的支持力度，满足首次购房家庭的贷款需求"。央行下调存款类金融机构人民币存款准备金率 0.5 个百分点。

2012 年 5 月下调存款类金融机构人民币存款准备金率 0.5 个百分点。6 月，央行将金融机构一年期存、贷款基准利率分别下调 0.25 个百分点。住建部等七部委联合发布《关于鼓励民间资本参与保障性安居工程建设有关问题的通知》，鼓励和引导民间资本通过直接投资、间接投资、参股、委托代建等多种方式参与廉租住房、公共租赁住房、经济适用住房、限价商品住房和棚户区改造住房等保障性安居工程建设。7 月，央行再次下调金融机构人民币存贷款基准利率，金融机构一年期存款基准利率下调 0.25 个百分点，一年期贷款基准利率下调 0.31 个百分点，其他各档次存贷款基准利率及个人住房公积金存贷款利率相应调整。

2013 年 4 月，中国银保监会发文，银行信贷要支持中小套型普通商品住房建设，推进消费信贷业务发展，支持居民家庭首套自住购房。支持中小套型普通商品住房建设，支持保障性安居工程建设。

2013年7月，严控房地产融资风险，继续稳健货币政策。

2013年8月，多家股份制银行上调存款利率揽储，扩大房地产税改革试点范围。

2014年5月30日，中国人民银行、中国银保监会联合下发了《关于进一步做好住房金融服务工作的通知》，内容涉及加大对保障房金融支持、支持居民合理住房贷款需求、支持房企合理融资需求等多项政策。其中，最受购房者欢迎的是"贷清不认房"、贷款利率下限为基准利率的0.7倍等措施。

3. 税收政策

2008年6月10日，国家税务总局规定企业为个人购买房产需征收个人所得税。

2009年12月22日《关于调整个人住房转让营业税政策的通知》个人住房转让营业税征免时限由2年恢复到5年，其他住房消费政策继续实施。

2010年4月2日，财政部下发通知，对两个或两个以上个人共同购买90平方米及以下普通住房，其中一人或多人已有购房记录的，该套房产的共同购买人均不适用首次购买普通住房的契税优惠政策。

2011年1月28日，上海、重庆市分别公布了《关于进行对部分个人住房征收房产税改革试点的暂行办法》，开始实行征收房地产税。

2011年8月31日，财政部、国家税务总局发布《关于房屋、土地权属由夫妻一方所有变更为夫妻双方共有契税政策的通知》。

2013年1月，国务院和发改委《绿色建筑行动方案》，制定税收优惠，鼓励房地产开发商建设绿色建筑，引导消费者购买绿色住宅。

4. 土地政策

2008年1月3日，《国务院关于促进节约集约用地的通知》出台。内容包括审查调整各类相关规划和用地标准；充分利用现有建设用地，大力提高建设用地利用效率；充分发挥市场配置土地资源基础性作用，健全节约集约用地长效机制；强化农村土地管理，稳步推进农村集体建设用地节约集约利用；加强监督检查，全面落实节约集约用地责任。

2008年2月7日，国务院出台《土地调查条例》全文，对于土地调查做出比较全面的界定。

2008 年 5 月 30 日，国土资源部、国家市场监督管理总局联合发布《国有建设用地使用权出让合同》土地阀门再度把紧。商品住宅开发不得超过 3 年，土地管理不作为将受严惩，6 月 1 日起执行。2008 年 6 月 1 日《违反土地管理规定行为处分办法》施行，为了加强土地管理，惩处违反土地管理规定的行为。

2009 年 12 月 17 日，财政部、国土部等五部委出台《进一步加强土地出让收支管理的通知》，开发商拿地时，分期缴纳全部土地出让价款期限原则上不得超过一年，特殊项目可以约定在两年内全部缴清，首次缴款比例不得低于全部土地出让款的 50%。

2010 年 1 月 21 日，国土资源部发布《关于改进报国务院批准城市建设用地申报与实施工作的通知》规定申报住宅用地，经济适用住房、廉租住房和中低价位、中小套型普通商品住房用地占住宅用地的比例不得低于 70%。

2010 年 3 月 10 日，国土资源部出台《关于加强房地产用地供应和监管有关问题的通知》，内容包括了"开发商竞买保证金最少两成""1 月内付清地价 50%"，囤地开发商将被冻结等 19 条土地调控政策。

2010 年 3 月 12 日，国土资源部称，将于 2010 年 3 月至 7 月在全国开展对房地产用地突出问题的专项检查，本次调查重点针对擅自改变房地产用地用途、违规供应土地建设别墅以及囤地炒地等问题。

2010 年 3 月 18 日，国资委要求 78 家非地产主业央企 15 天退出方案。

2010 年 3 月 22 日，国土资源部会议提出，在供应计划没有公布前，各地不得出让住房用地；将在房价上涨过快的城市开展土地出让招拍挂制度完善试点；各地要适当增加土地供应总量；房价上涨过快、过高的城市，要严控向大套型住房建设供地。

2010 年 9 月 27 日，国土资源部称，将严格土地竞买人资格审查，土地闲置一年以上竞买人及其控股股东将被禁止拿地。

2011 年 1 月 21 日，国务院总理温家宝签署国务院令《国有土地上房屋征收与补偿条例》。条例规定自公布之日起实施。2001 年 6 月 13 日国务院公布的《城市房屋拆迁管理条例》同时废止。

2011 年 12 月 22 日，国土部公布《闲置土地处置办法》修订草案，拟新规打击囤地土地闲置 2 年可无偿收回。

2012年2月，国土资源部发出了《关于做好2012年房地产用地管理和调控重点工作的通知》，提出要科学合理地编制2012年住房用地供应计划：计划总量原则上应不低于过去5年年均实际供应量，其中保障性住房、棚户区改造住房和中小套型普通商品住房用地不低于总量的70%；合理增加普通商品住房用地，严格控制高档住宅用地，不得以任何形式安排别墅类用地。

2012年6月，国土资源部发布了《闲置土地处置办法》。具体规定了闲置土地的定义，指国有建设用地使用权人超过国有建设用地使用权有偿使用合同或者划拨决定书约定、规定的动工开发日期满1年未动工开发的国有建设用地；或已动工开发但开发建设用地面积占应动工开发建设用地总面积不足1/3或者已投资额占总投资额不足25%，中止开发建设满1年的国有建设用地。除属于政府、政府有关部门的行为造成动工开发延迟的情形外，未动工开发满1年的，按照土地出让或者划拨价款的20%征缴土地闲置费；未动工开发满2年的，无偿收回国有建设用地使用权。

2012年7月，国土资源部、住建部发布《关于进一步严格房地产用地管理巩固房地产市场调控成果的紧急通知》，强调要坚持调控不放松，不断巩固调控成果，坚决防止房价反弹；具体措施包括：加大住房用地供应力度，应保尽保保障性安居工程用地，进一步加大普通商品住房用地的供应力度；把握好土地出让节奏、时序和价格，防止出现商业服务和住宅高价地；严格执行《闲置土地处置办法》等现有政策。

2012年11月，国土资源部、财政部、中国人民银行、中国银保监会联合发布《关于加强土地储备与融资管理的通知》，通知对土地储备机构管理、储备土地前期开发管理、土地收储及管护、土地储备融资、土地储备资金管理等方面都提出了规范措施，并提出要合理确定储备土地规模结构，严格控制土地储备总规模和融资规模。

2013年6月3日，国土资源部公布了经过修订后的《闲置土地处置办法》，这是从1999年实施后，12年来首次修订。修订后条款对囤地问题的部分预防和监管措施，要求土地使用者对项目竣工时间进行约定和公示，新修订在7月1日起实施。

5. 其他政策

2010年3月，国资委要求78家不以房地产为主业的中央企业加快调整重组，在完成自有土地开发和已实施项目后要退出房地产业务，并在 15 个工作日内制订有序退出的方案。

2013 年 1 月，国务院出台《国务院办公厅关于印发近期土壤环境破坏和综合治理工作安排的通知》，被污染地块治理达标前，不得开发住宅。

2013 年 3 月 29 日，国务院出台了《国务院机构改革和职能转变方案》，2014 年 6 月前出台并实施不动产统一登记制度。

2013 年 6 月，支持首套自助购房贷款需求，土地闲置一年将罚地价 20%。

3.6.3 调控效果及评价

通过房地产投资额等若干个指标的变化情况，我们可以对本阶段的调控效果进行相应的评价。指标相关数据详见表 3-6 ～ 3-12。

表 3-6　2008—2015 年相关指标一览表

年份	房地产投资额		经济适用房投资额		别墅投资额	
	金额（亿元）	增长率（%）	金额（亿元）	增长率（%）	金额（亿元）	增长率（%）
2007	18004.4	—	8209260	—	1807.123	—
2008	22440.9	24.64	9709063	18.27	2032.310	12.46
2009	25613.7	14.14	11340755	16.81	2073.344	2.02
2010	34026.2	32.8	10674000	-5.88	2829.81	36.48
2011	44319.5	30.25	—		3424.16	21
2012	49374.2	11.4	—		3448.37	0.7
2013	86013.38	74.2	—		3637.90	5.5
2014	95035.61	10.49	—		3844.72	5.6
2015	95978.85	0.99	—		3481.37	-9.5%

表 3-7　2008—2015 年相关指标一览表

年份	土地购置费用		当年购置土地面积		土地价格	
	金额（亿元）	增长率（%）	金额（亿元）	增长率（%）	金额（亿元）	增长率（%）
2007	4873.2	—	40245.8	—	1210.86	—
2008	5995.6	23.03	39353.4	−2.22	1523.53	25.82
2009	6039	0.72	31906.1	−18.92	1892.74	24.23
2010	9992.1	65.46	39953.10	28.41	2500.96	32.13
2011	11527.25	15.36	44327.44	10.95	2600.48	3.98
2012	12100.15	4.96	35666.8	−70.70	3392.55	30.46
2013	13501.73	11.5	38814.38	−13.9	2555	−24.7
2014	17458.53	29.3	33383.03	−31.6%	3001	17.5
2015	33657.73	−21	22810.79	—	3341	11.3

表 3-8　2008—2015 年相关指标一览表

年份	本年购置土地面积		待开发土地面积	
	面积（万平方米）	增长率（%）	金额（万平方米）	增长率（%）
2007	40245.8	—	41484	—
2008	39353.4	−2.22%	48161.1	16.10
2009	31909.5	−18.92%	32816.54	−31.86
2010	39953.1	25.21%	31457.95	−4.14
2011	44327.4	10.95%	40220.76	27.86
2012	35666.80	−19.54%	40195.99	−0.06
2013	38814.38	8.82%	42280.47	5.19
2014	33383.03	−13.99%	42136.28	−0.34
2015	22810.79	−31.67%	36638.48	−13.05%

表 3-9　2008—2015 年相关指标一览表

年份	商品房销售价格		别墅销售价格		经济适用房销售价格	
	元 / 平方米	增长率(%)	元 / 平方米	增长率(%)	元 / 平方米	增长率(%)
2007	4873.2	—	40245.8	—	1210.86	—
2008	5995.6	23.03	39353.4	−2.22	1523.53	25.82
2009	6039	0.72	31906.1	−18.92	1892.74	24.23
2010	9992.1	65.46	39953.10	28.41	2500.96	32.13
2011	11527.25	15.36	44327.44	10.95	2600.48	3.98
2012	12100.15	4.96	35666.8	−70.70	3392.55	30.46
2013	13501.73	11.5	38814.38	−13.9	2555	−24.7
2014	17458.53	29.3	33383.03	−31.6%	3001	17.5
2015	33657.73	−21	22810.79	—	3341	11.3

表 3-10　2008—2015 年相关指标一览表

年份	人均住宅面积		居民可支配收入		地方财政收入	
	平方米	增加值	元	增长率(%)	金额(亿元)	较上年增长率(%)
2007	27.66	—	13785.81	14.47	23572.62	—
2008	28.76	1.1	15780.76	8.83	28649.79	21.54
2009	29.93	1.17	17174.7	11.26	32602.59	13.80
2010	31.1	0.9	19109.4	14.13	40613.04	24.57
2011	32	0.9	21809.8	14.13	52547.11	29.38
2012	32.9	0.9	24564.7	12.63	61078.29	16.24
2013	33.02	0.12	26955	9.73	69011.16	12.99
2014	33.37	0.35	28844	7.01	75876.58	9.95
2015	33.8	0.45	31195	8.15	83002.04	9.39

表 3-11　2008—2015 年相关指标一览表

年份	房企经营收入		房企土地转让收入		房企商品房销售收入	
	亿元	增长率（%）	亿元	增长率（%）	亿元	增长率（%）
2007	23397.13	—	427.92	—	21604.21	—
2008	26696.85	14.10	466.85	9.10	24394.12	12.91
2009	34606.23	29.63	498.05	6.68	41697.91	33.26
2010	42996.48	24.24	519.19	4.24	47463.49	2.74
2011	44491.28	3.48	664.66	28.02	41697.91	2.74
2012	51028.41	14.69	819.39	23.28	47463.49	13.83
2013	70706.67	38.56	671.42	−18.06	66697.99	40.52
2014	66463.80	−6.00	571.95	−14.81	62535.06	−6.24
2015	70174.34	5.58	600.54	5.00	65861.30	5.32

表 3-12　2008—2015 年相关指标一览表

年份	房企房屋出租收入		房企国内贷款		房企自筹资金	
	亿元	增长率（%）	亿元	增长率（%）	亿元	增长率（%）
2007	386.81	—	7015.64	—	11772.53	—
2008	521.47	34.81	7605.69	8.41%	15312.09	30.07%
2009	544.27	4.37	11364.51	49.42%	17949.12	17.22%
2010	742.92	36.50	12563.70	10.55%	26704.6	48.78%
2011	904.28	21.72%	13056.80	3.92%	35004.57	31.08%
2012	1151.55	27.34%	14778.39	13.19%	39081.96	11.65%
2013	1364.01	18.45%	19672.66	33.12%	47424.95	21.35%
2014	1464.10	7.34%	21242.61	7.98%	50419.80	6.31%
2015	1600.42	9.31%	20214.38	−4.84%	49037.56	−2.74%

从表中我们可以发现：

①房地产投资额持续增加，金额从 2008 年的 22440.9 亿元增加到 2015 年的 95978.85 亿元；并保持较高的增长率，2008 年至 2015 年的增长率依次为 24.64%、14.14%、32.8%、30.25%、11.4%、74.2%、10.49%、0.99%。经济适用房投资额在 2010 年增幅出现回落现象，2008 年到 2009 年则保持较高的增长率。与之形成鲜明对比的是，除 2008 年增幅相近外，别墅投资额在 2009 年仅保持小幅增长，2009 年则出现突增。2008 年、2009 年的人均住宅增加面积分别为 1.10

平方米和 1.17 平方米。

②土地价格一直呈现上升又下降的趋势，2008 年至 2010 年的增幅依次为 25.82%、24.23%、32.13%。相应地 2008 年和 2009 年购置土地面积出现负的增长率。商品房销售价格虽然呈现上升趋势，但增长率波动幅度较大，2008 年增长率为 −1.66%，2009 年则为 23.18%，2010 年又回落为 6.39%。除 2009 年外，土地价格增长幅度均远高于商品房销售价格增长幅度。别墅销售价格在 2009 年出现较大的增幅。经济适用房销售价格除 2010 年出现微小增幅外，其他年份均保持较稳定的增长率。

③城镇居民可支配收入从 15780.76 元增加到 19109 元。2008—2010 年增长率依次为 14.47%、8.83% 和 11.26%。除 2009 年增幅低于商品房销售价格的增幅外，其他年份均高于商品房销售价格的增幅。

④房企经营收入均保持相对稳定的增幅。2008 年和 2010 年，房企的资金来源中自筹资金的增幅较大，相应地，国内贷款部分的增幅相对较小。

⑤地方财政收入也在逐年增加，并保持较高的增长速度，2008 年和 2009 年的增长率分别为 21.54% 和 13.80%。

该阶段的政策主要是刺激住房市场的繁荣，但是重点是鼓励自住型购房者消费，加大对中低收入者住房需求的供给。途径是对首次购房者享受贷款和利率的优惠，并对个人首次购买 90 平方米以下普通住房降低契约税税率，同时缩短了之前对购买住房年限的 5 年变为 2 年，促进住房市场的交易。

从政策的执行情况看，因为中央政府都是把任务分配给地方政府，对资金实力雄厚的地方政府，完成投资就不成问题，但是对缺乏资金的地方政府完成任务就很困难。政策的执行效果就会打折扣。国家出台的一系列刺激经济增长的政策对恢复房地产市场信心有重要的作用，将缩短房价下调的周期，使得前期降价起步早、幅度大的一些城市楼市成交量出现比较明显的增长，但在未来经济形势还不明朗情况下，市场观望情绪浓厚，虽然开发商采取了降价促销措施，但与购房者的消费底线还有一定差距。

总结该阶段的中央政府对房地产的宏观调控可以得出如下结论：

第一，房地产宏观调控是围绕中央对宏观经济的调控而服务的。当宏观经济过热时候，就加大对房地产市场的调控，来对宏观经济降温。2008 年是一个分界线，年初经济处于通货膨胀较快阶段，7 月就受美国次贷危机影响，房地产下行，在 2008 年年底中央在决定救市之后，出台了一系列政策。在经历了一年的时间，在 2009 年年末就开始加码。可以说中国房地产市场经历了 1 年的刺激政策之后就开始逐渐升温。

第二，在调控过程中，对住房进行区别对待，打击炒房，对购买第一套住房和改善性住房实行鼓励政策。加快对保障性住房的建设，加大了对廉租房、经济适用房的投入。特别是 2008 年的经济危机，2008 年和 2009 年对经济适用住房的投入较大。

第三，调控的节奏比较密集，特别是 2010 年，针对房地产市场中央部委发文 21 条。

第四，多种调控手段的综合运用。土地政策的改变是影响房地产市场发展的关键，我国土地是全民所有制和集体所有制。将土地市场化，为房地产市场的发展打下了基础。协议出让土地，缺乏有效的监督，在实际执行中权力寻租现象严重，国有土地资源流失现象严重，土地利用效率不高，之后实行招拍挂，使得土地的利用效率大大提高，但是也使房价不断上涨。纳税对社会的公平与效率产生着极大的导向作用，对住房购买的税收优惠提高了住房改善的积极性。公积金制度是房改的中心环节，保障住房制度改革提供了有效资金来源，受益对象是国有企业和事业单位的职工，住房公积金对高收入者来说，他缴纳的越多，则从基金以后得到的收益就越多，从该角度看，该制度有失公平。

◎ 3.7 2014 年 9 月—2016 年 5 月去库存阶段

3.7.1 调控背景及目标

我国经济增长之前是"高投入、高能耗、低成本"特征。随着我国土地、劳动力、资源等的综合成本上升，人口老龄化带来的储蓄率下降，投资支撑经济增长的贡献缩小，数量型扩张的经济模式已经难以支撑高速增长。传统要素增长红利放缓，供需错位需要供给侧改革发力引导平衡，经济结构扭曲失衡需要改革。供给侧结构性改革，是提高供给质量，矫正要素配置扭曲，扩大有效供给，提高供给结构对需求变化的适应性和灵活性，提高全要素生产率，更好满足广大人民群众的需求，促进经济社会持续健康发展。2014 年，国内生产总值达到 56.9 万亿元，比上年增长 7.7%。2015 年国内生产总值达到 67.7 万亿元，增长 6.9%。国内生产总值达到 74.4 万亿元，增长 6.7%。2015 年固定资产投资 561999.83 亿元，比 2014 年 606465.66 亿元降低 7%。2016 年固定资产投资 512020.65 亿元，比 2015 年降低 8%。2016 年 12 月我国 CPI 与 PPI 分别同比增长 2.10% 和 5.50%，相较 2015 年同期分别上升 0.50 和 11.40 个百分点。

在 2015 年 12 月 18 日，中央经济工作会议中，提出要坚持稳增长、调结构、保持经济结构在稳定区间，实施积极的财政政策和稳健的货币政策。抓好去产能、去库存、去杠杆、降成本、补短板五大任务。对房地产来说，去库存是当前着力要解决的问题。

2016 年中国 GDP 总额达到 74.4 万亿，增速达到 6.85%。2016 年 12 月中央经济工作会议未明确 2017 年 GDP 增速区间，显示中央更加重视改革成效而非 GDP 增速指标，更加追求经济增长的"质"而非"量"，更加追求经济增长的长期改善而非短期增长，中央对 2017 年的经济增长目标或稍有放宽以降低改革攻坚背景下的稳增长压力。会议明确强调要抑制资产泡沫，防控金融经济风险。

2017 年 GDP 总量 820754 亿元，比 2016 年增长了 6.8%。2017 年固定资产投资达到 641238.39 亿元，比 2016 年 606465.66 亿元增长了 5.7%。2017 年全国房地产用地 11.5 万公顷。2017 年，全国居民人均可支配收入 25974 元，扣除价格因素影响，比上年实际增长 7.3%，实际增速比 GDP 和人均 GDP 增长分别快 0.4 和 1.0 个百分点。

3.7.2 调控措施

1. 综合政策

2015 年 11 月，中央财经委员会提出推进经济结构性改革，供给侧改革的主要目标是提高生产力水平，落实好以人民为中心的发展思想，要在适度扩大总需求的同时，去产能、去库存、去杠杆、降成本、补短板，从生产领域加强优质供给，减少无效供给，扩大有效供给，提高供给结构适应性和灵活性，提高全要素生产率，使供给体系更好地适应需求结构变化。

2015 年政府工作报告，提出稳定住房消费，坚持分类指导，支持居民自住和改善性住房需求。

2015 年 3 月，全国两会召开，提出要"加快培育消费增长点，稳定住房消费。坚持分类指导，因地施策，落实地方政府主体责任，支持居民自住和改善性住房需求，促进房地产市场平稳健康发展"。

2015 年 4 月 30 日，中央政治局会议提出"要完善市场环境，盘活存量资产，建立房地产健康发展的长效机制"作为重要内容。

2016 年 2 月，央行、银保监会发布《关于调整个人住房贷款政策有关问题的通知》，提出在不实施"限购"措施的城市，居民家庭首次购买普通住房的商业性个人住房贷款，原则上最低首付比率为 25%，各地可向下浮动 5 个百分点。对拥有 1 套住房且相应购房贷款未结清的居民家庭，为改善居住条件再次申请商业性个人住房贷款购买普通住房，最低首付比例调整不低于 30%。

2. 信贷政策

2014 年 10 月 9 日，住房和城乡建设部、财政部和央行联合印发《关于发展住房公积金个人住房贷款业务的通知》，要求各地放开公积金贷款条件。今后职工可连续缴存 6 个月可以申请公积金贷款，并取消四项收费。

2014 年 11 月 21 日，央行宣布降息，决定自 2014 年 11 月 22 日起下调金融机构人民币贷款和存款基准利率。其中规定，金融机构一年期贷款基准利率下降 0.4 个百分点至 5.6%；一年期存款基准利率下降 0.25 个百分点至 2.72%。同时结合推进利率市场化改革，将金融机构存款利率浮动区间的上限由存款基准利率的 1.1 倍调整为 1.2 倍。

2015 年 2 月 5 日，中国人民银行下调金融机构人民币存款准备金率 0.5 个百分点。对小微企业贷款占比达到定向精准标准的城市商业银行、非县域农村商业银行额外降低人民币存款准备金率 0.5 个百分点。对中国农业发展银行额外降低人民币存款准备金率 4 个百分点。

2015 年 2 月 28 日，中国人民银行下调存贷款基准利率 0.25 个百分点。

2015 年房地产政策坚持促消费、去库存的总基调，供需两端宽松政策频出，改善行业运行环境促进市场平稳向好。需求端中央多轮降准降息降首付，扩大需求、促进消费。

2015 年 3 月 1 日，一年期贷款基准利率下调 0.25 个百分点，一年期存款基准利率下调 0.25 个百分点。

2015 年 3 月 18 日，中央国家机关住房资金管理中心《关于进一步调整住房公积金个人贷款有关问题的通知》，确定将加大对职工购买首套房的贷款支持力度。

2015 年 3 月 30 日，央行、住建部、银保监会联合下发《中国人民银行住房城乡建设部中国银行业监督管理委员会关于个人住房贷款有关问题的通知》，规定缴存职工家庭使用住房公积金委托贷款购买首套普通自住房，低首付款比例为 20%；对拥有 1 套住房并已结清相应购房贷款的缴存职工家庭，为改善居住条件再次申请住房公积金委托贷款购买普通自住房，低首付款比例为 30%。

2015 年 4 月，中国人民银行决定，自 2015 年 4 月 20 日起下调各类存款类金融机构人民币存款准备金率 1 个百分点。在此基础上，为进一步增强金融机构支持结构调整的能力，加大对小微企业、"三农"以及重大水利工程建设等支持力度，自 4 月 20 日起对农信社、村镇银行等农村金融结构额外降低人民币存款准备金率 1 个百分点，并统一下调农村合作银行存款准备金率至农信社水平；对中国农业发展银行额外降低人民币存款准备金率 2 个百分点；对符合审慎经营要求且"三农"或小微企业贷款达到一定比例的国有银行和股份制商业银行可执行较同类机构法定水平低 0.5 个百分点存款准备金率。

2015 年 5 月 11 日，金融机构人民币一年期贷款基准利率下调 0.25 个百分点至 5.1%；一年期存款基准利率下调 0.25 个百分点至 2.25%，同时，将金融机构存款利率浮动区间的上限由存款基准利率的 1.3 倍调整为 1.5 倍。

2015 年 6 月，中国人民银行决定，自 2015 年 6 月 29 日起有针对性地对金融机构实施定向降准，以进一步支持实体经济发展，促进结构调整。

2015 年 8 月 19 日，中央六部委联合公布《住建部等部门关于调整房地产市场外资准入和管理有关政策的通知》，对 2006 年中央出台的《关于规范房地产市场外资准入和管理的意见》中有关外商投资房地产企业和境外机构、个人购房的部分政策进行调整，取消对境外个人在国内购买住房的限制条件。

2015 年 8 月份，自 8 月 26 日起再次下调贷款基准利率 0.25 个百分点，五年期以上商业贷款基准利率将从 5.4% 降至 5.15%，公积金贷款利率则由 3.5% 将至 3.25%，这是央视 2015 年第四次下降贷款基准贷款利率，也是自 2014 年 11 月以来的第五次降息。本次降息后，无论公积金还是商业贷款，贷款利率都创出了历史新低。但与之相对的房贷优惠利率也进一步缩水。

2015 年 8 月 31 日，住建部、财政部、央行发布《关于调整住房公积金个人住房贷款购房最低首付比例的通知》，根据文件，对拥有 1 套住房并已经结清相应购房贷款的居民家庭，为改善居住条件再次申请住房公积金委托贷款购买住房的，最低首付比例由 30% 降低至 20%。

2015 年 10 月 24 日，中国人民银行决定，自 2015 年 10 月 24 日起，下调金融机构人民币贷款和存款基准利率，以进一步降低社会融资成本。其中金融机构一年期贷款基准利率下调 0.25 个百分点至 4.35%；一年期存款基准利率下调 0.25 个百分点至 1.5%；其他各档次贷款及存款基准利率、人民银行对金融机构贷款利率相应调整，个人住房公积金贷款利率保持不变。

2016 年 2 月，央行联合住建部、财政部发文上调公积金存款利率，职工住房公积金账户存款利率统一按一年期定期 1.5% 存款基准利率执行。

2016 年 3 月 1 日，中国人民银行普遍下调金融机构人民币存款准备金率 0.5 个百分点，以保持金融体系流动合理充裕。

3. 税收政策

2015 年 3 月 30 日，财政部发布了《关于调整个人住房转让营业税政策的通知》，要求自 3 月 31 日起，个人住房转让营业税免征年限由 5 年恢复至 2 年。个人将购买不足 2 年的住房对外销售的，全额征收营业税；个人将购买 2 年以上（含 2 年）的非普通住房对外销售的，按照其销售收入减去购买房屋的价款后的差额征收营业税；个人将购买 2 年以上的普通住房对外销售的，免征营业税。

2015 年 7 月 3 日，国家税务总局公布了"关于简化个人无偿赠予不动产土地使用权免征营业税手续的公告"指出，为减轻纳税人负担，决定不再要求相关人员提交赠予公证材料。

2016 年 2 月，财政部发布《关于调整房地产交易环节契税、营业税优惠政策的通知》，全面降低交易环节税费，减轻购房成本。

4. 土地政策

2015 年 3 月 25 日，国土部住建部联合发文救市，严格控制供地规模，改善供求关系。

2015 年 7 月初，国土部宣布，33 个区县的试点实施方案已经获得农村土地制度改革工作领导小组批复，改革试点工作进入全面启动阶段。重点围绕《关于农村土地征收、集体经营性建设用地入市和宅基地制度改革试点工作的意见》《农村土地征收、集体经营性建设用地入市和宅基地制度改革试点实施细则》和 33 个试点实施方案做相关培训。

5. 其他政策

2015 年 2 月 15 日，《关于全面深化公安改革若干重大问题的框架意见》正式提出要取消暂住证，全面实施居住证制度。建立健全与居住年限等条件相挂钩的基本公共服务提供机制。

2015 年 3 月 20 日，福建出台新政"闽七条"，首改房认定放宽。公积金贷款首次申请首付降低至 20%；住房贷款本省金融机构适当下浮贷款利率。

2015 年 11 月，山西发布房地产新政，成为继甘肃、四川、安徽后第四个取消楼市限购的省份。之前限购的 46 个城市，只有北京、上海、广州、深圳和三亚实行限购。

3.7.3 房地产库存量

1. 总体库存存量

去库存有三种计算方法，狭义的、广义的、最广义的三种房地产库存估计方法：第一种，狭义的，"库存 = 待售面积"房地产库存去化周期为 0.56 年，住宅库存周期为 0.42 年。第二种，广义的，"库存 = 待售面积 + 施工面积"。房地产库存去化周期为 6.3 年，住宅库存去化周期为 5 年。第三种，最广义的，"库存＝待售面积 + 施工面积 + 拿地未开发面积"。存去化周期为 9.4 ~ 12.3 年，住宅去化周期为 7.5 ~ 10 年。房地产库存去化周期为 6.3 年，住宅库存去化周期为 5 年。

表 3-13　狭义的去库存

时间	商品房待销售面积（万平方米）
2015 年 5 月	65666(−15)
2015 年 6 月	65738（+72）
2015 年 7 月	66259（+521）
2015 年 8 月	66324（+65）
2015 年 9 月	66510（+186）
2015 年 10 月	68632（+2122）
2015 年 11 月	69637（+1004）
2015 年 12 月	71853（+2217）（3.17 亿平方米）
2016 年 2 月	73931（+2077）
2016 年 3 月	73516（−415）
2016 年 4 月	72690（−826）
2016 年 5 月	72169（−521）（1.16 亿平方米）

数据来源：国家统计局

2. 广义去库存

库存＝"待销售面积＋施工面积－竣工面积－本期新开工面积－期房销售面积"

施工面积＝本期新开工面积＋上期跨入本期继续施工的房屋面积＋上期停建缓建在本期恢复施工的房屋面积＋本期竣工的房屋面积＋本期施工后又停建缓建的房屋面积。

从表 3-14 可以看出，期房销售面积占商品房销售面积的比例较高，在 75%以上，也就是说是未来计划建设的房屋中没有销售的房屋占比较高。

表 3-14　期房所占的比例

指标	商品房销售面积累计值（万平方米）	期房销售面积累计值（万平方米）	期房占比
2015 年 5 月	35996.38	27769.77	77.15%
2015 年 6 月	50263.64	38639.77	76.87%
2015 年 7 月	59914.42	46085.39	76.92%
2015 年 8 月	69674.96	53684.38	77.05%
2015 年 9 月	82908	63492.23	76.58%
2015 年 10 月	94898.12	72639.01	76.54%
2015 年 11 月	109252.74	83209.42	76.16%
2015 年 12 月	128494.97	96792.36	75.33%
2016 年 2 月	11234.56	8519.49	75.83%
2016 年 3 月	24299.21	18425.17	75.83%
2016 年 4 月	36012.24	27359.24	75.97%
2016 年 5 月	42871.61	33154.78	77.34%

数据来源：国家统计局

从表 3-15 可以看出，根据当时 2015 年 12 月的广义去库存面积，去库存周期为 4.08 年，根据预测值去库存周期是 4.61 年。

表 3-15　广义的去库存周期

时间	2015 年 12 月	2016 年 5 月
待销售面积（万平方米）	71853	72169
施工面积（万平方米）	735693.37	651338.11
竣工面积（万平方米）	100039.10	32027.7
新施工面积（万平方米）	86974.9（2015 年 7 到 12 月）	59521.61
期房销售面积（万平方米）	96792.36	33154.78
库存（万平方米）	523740.1	598803.02
总的销售面积（万平方米）	128495	130000（预估计数值）
去库存周期（年）	4.08	4.61

数据来源：国家统计局

表 3-16 广义的去周期

时间	房地产开发企业新开工房屋面积（万平方米）	商品房销售面积（万平方米）
2000 年	29582.64	18637.13
2001 年	37394.18	22411.9
2002 年	42800.52	26808.29
2003 年	54707.53	33717.63
2004 年	60413.86	38231.64
2005 年	68064.44	55486.22
2006 年	79252.83	61857.07
2007 年	95401.53	77354.72
2008 年	102553.37	65969.83
2009 年	116422.05	94755
2010 年	163646.87	104764.65
2011 年	191236.87	109366.75
2012 年	177333.62	111303.65
2013 年	201207.84	130550.59
2014 年	179592.49	120648.54
2015 年	154453.68	128494.97
总计	1754064.32	1200358.58
差值	—	553705.74

数据来源：国家统计局

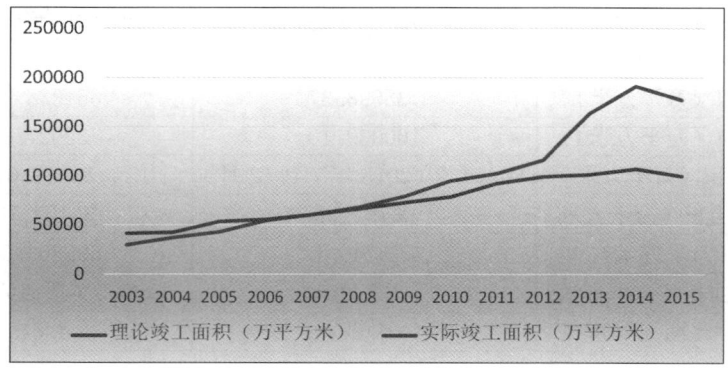

图 3-2 理论竣工面积和实际竣工面积

根据表 3-16 预测出竣工面积和实际竣工面积来推测数据出入的来源。鉴于房地产有建设周期，一般新开工面积在 3 年左右会转变为竣工面积，但是从图上可知，2012 年之后理论竣工面积比实际竣工面积低很多，从以上分析可知，2009 年之后实际开工面积被高估了。结论：第一，狭义库存量为 7.2 亿平方米，去库存周期为 2.3～2.6 年。第二，广义库存量为 50 亿平方米—60 亿平方米，去库存周期为 4～5 年。

3. 商业地产库存现状

住宅待销售面积呈波浪线变化，下降上升又下降上升的趋势。办公楼待销售面积是上升下降又上升的趋势，商业营业用房是持续上升的趋势。

表 3-17　商业地产库存现状

时间	住宅待销售面积 （万平方米）	办公楼待销售面积 （万平方米）	商业营业用房待销售面积 （万平方米）
2015 年 5 月	（-121）	（+32）	（+25）
2015 年 6 月	（-191）	（+35）	（+103）
2015 年 7 月	（+221）	（+98）	（+136）
2015 年 8 月	（-194）	（-7）	（+157）
2015 年 9 月	（-387）	（-71）	（+483）
2015 年 10 月	（+1180）	（+56）	（+709）
2015 年 11 月	（+439）	（+90）	（+318）
2015 年 12 月	（+1155）（4.7 亿）	（+128）	（+458）
2016 年 2 月	（+1387）	（+159）	（+294）
2016 年 3 月	（-652）	（-40）	（+117）
2016 年 4 月	（-894）	（+40）	（+38）
2016 年 5 月	（-721）	（+7）	（+105）

表 3-18　房地产企业新开工面积和销售面积

年份	商品住宅（万平方米）		办公楼（万平方米）		商业营业用房（万平方米）	
	新开工面积	销售面积	新开工	销售面积	新开工面积	销售面积
2000 年	24401.15	16570.28	898.81	436.98	3034.77	1399.31
2001 年	30532.72	19938.75	1072.98	502.57	4105.40	1696.15
2002 年	34719.35	23702.31	1254.24	538.92	4926.48	2218.58
2003 年	43853.88	29778.85	1466.89	630.49	6706.80	2833.10
2004 年	47949.01	33819.89	1704.19	692.84	7790.81	3100.29
2005 年	55185.07	49587.83	1671.10	1096.23	7675.47	4081.38
2006 年	64403.8	55422.95	2134.94	1231.04	8473.23	4337.79
2007 年	78795.51	70135.88	2141.44	1465.23	9093.89	4644.61
2008 年	83642.12	59280.35	2471.95	1157.05	10040.69	4206.06
2009 年	93298.41	86184.89	2860.76	1544.43	12415.03	5328.03
2010 年	129359.31	93376.6	3668.07	1889.97	17472.58	6994.84
2011 年	147163.11	96528.41	5399.20	2004.97	20730.78	7868.65
2012 年	130695.42	98467.51	5986.46	2253.65	22006.85	7759.28
2013 年	145844.8	115722.69	6887.24	2883.35	25902.00	8469.22
2014 年	124877	105187.79	7349.10	2505.45	25047.73	9076.93
2015 年	106651.3	112405.68	6569.12	2912.26	22530.29	9251.94
总和	1341371.96	1066110.66	53536.49	23745.43	207952.80	83266.16

将表 3-18 住宅、办公楼、商业营业用房新开工面积相加，再根据住宅、办公楼、商业营业用房的销售面积来得到去库存周期如表 3-19，得出住宅的去库存周期最短，为 2.45 年，办公楼去库存周期是 10.23 年，商业营业用房去库存周期是 13.48 年。

表 3-19　各种类型住房去库存及去库存周期

楼型	2015 年年底库存（万平方米）	2015 年销售面积（万平方米）	去库存周期（年）
住宅	275261.3	112405.68	2.45
办公楼	29791.06	2912.26	10.23
商业营业用房	124686.64	9251.94	13.48

结论：商业地产库存量持续增加。商业地产去库存周期达 10 年以上，商业地产去库存难。

4. 中小城市去库存现状

国务院最新划分出中等城市规模是指中心城区人口大于 50 万小于 100 万的地区，例如河北邯郸市、山西大同市、内蒙古呼和浩特市、辽宁本溪市、黑龙江省鹤岗市、江苏省无锡市、河南新乡市、湖北荆州市、湖南衡阳市、广东汕头市、广西南宁、广西柳州、青海省西宁市等。

I 型小城市是指中心城区人口大于 20 万小于 50 万，包括秦皇岛、邢台、承德、沧州、廊坊、衡水、阳泉、长治等地。II 型小城市是指中心城区人口小于 20 万，包括山西晋城市、内蒙古通辽、黑龙江黑河、江苏宿迁、浙江金华、浙江衢州、浙江舟山、安徽六安、福建三明等。

表 3-20　全国 35 个大中城市存销比

排序	城市	存销比	排序	城市	存销比	排序	城市	存销比
1	北海	34	13	天津	15	25	杭州	11
2	烟台	24	14	马鞍山	14	26	广州	10
3	淮南	24	15	温州	14	27	北京	10
4	茂名	24	16	贵阳	14	28	厦门	9
5	荆门	20	17	长春	14	29	济南	8
6	济宁	19	18	太原	13	30	上海	8
7	常州	18	19	南宁	13	31	深圳	7
8	西宁	17	20	青岛	13	32	南昌	6
9	长沙	17	21	九江	13	33	合肥	5
10	西安	17	22	宁波	12	34	南京	4
11	兰州	17	23	南通	12	35	苏州	4
12	沈阳	16	24	福州	12	–	–	–

根据表 3-20 可以看出，全国 35 个大中城市的存销比中北京、上海、广州、深圳的存销比较低，说明一线城市的库存量不成问题。二线城市的存销比普遍也较低。中小城市的存销比较高。

表 3-21 新建住宅环比、同比下降城市

时间	新建住宅价格指数环比、同比都下降的城市
2016 年 1 月	呼和浩特、长春、银川、乌鲁木齐、唐山、秦皇岛、包头、丹东、锦州、吉林、牡丹江、蚌埠、泉州、济宁、洛阳、襄阳、常德、湛江、韶关、桂林、北海、南充（22 个城市）
2016 年 2 月	沈阳、大连、西宁、乌鲁木齐、包头、丹东、锦州、牡丹江、蚌埠、安庆、洛阳、泸州、南充、大理（14 个城市）
2016 年 3 月	昆明、唐山、丹东、锦州、牡丹江、常德、三亚、大理（8 个城市）
2016 年 4 月	唐山、锦州（2 个城市）
2016 年 5 月	锦州、牡丹江、常州（3 个城市）

根据表 3-21，新建住宅价格指数环比、同比都下降的城市都是中小城市。根据国家统计局数据显示，一线城市 5 个，一个城市人口净流出，占 20%。二线城市 30 个，有 6 个城市人口净流出，占 20%。三线城市 61 个，有 28 个城市人口净流出，占 45.9%。四线城市 101 个，有 56 个城市人口净流出，占 55.4%。五线城市 76 个，有 51 个城市人口净流出，占 67.1%。中小城市人口流出城市较多。结论：第一，部分中小城市去库存周期长。第二，部分中小城市住宅价格下降。第三，部分中小城市需求不足，去库存难。

3.7.4 调控效果及评价

表 3-22　2014—2016 年相关指标一览表

年份		2014	2015	2016
房地产 投资额	金额（亿元）	95035.61	95978.85	102580.61
	较上年增长率（%）	10.49	0.99	6.88
别墅 投资额	金额（万元）	3844.72	3481.37	3478.74
	较上年增长率（%）	5.6	－ 9.5	-0.08
土地购置 费用	金额（亿元）	17458.53	17675.44	18778.68
	较上年增长率（%）	29.3	－ 21	6.2
当年购置 土地面积	数额（万平方米）	33383.03	22810.79	22025.25
	较上年增长率（%）	－ 13.99	－ 31.67	-3.44
土地 价格	金额（元／平方米）	5230	7749	8526
	较上年增长率（%）	－	48	10
待开发 土地面积	数额（万平方米）	42136.28	36638.48	35121.01
	较上年增长率（%）	－ 0.34	-13.05	-4.14%
商品房 销售价格	金额（元／平方米）	6324	6793	7476
	较上年增长率（%）	1.38	7.4	10.05%
别墅 销售价格	金额（元／平方米）	12965	15157	15911
	较上年增长率（%）	2.97	16.91	4.97%
城镇居民 可支配收入	金额（元／年）	28844	31195	33616
	较上年增长率（%）	7.01	8.15	7.76%
房企 经营收入	金额（万元）	66463.8	70174.34	90091.51
	较上年增长率（%）	-6	5.58	28.38%
房企土地 转让收入	金额（万元）	571.95	600.54	666.32
	较上年增长率（%）	-14.81	5	10.95%
房企商品房 销售收入	金额（万元）	62535.06	65861.3	85163.32
	较上年增长率（%）	-6.24	5.32	29.31%
房企房屋 出租收入	金额（万元）	1464.1	1600.42	1786.97
	较上年增长率（%）	7.34	9.31	11.66%
房企 国内贷款	金额（万元）	21242.61	20214.38	21512.4
	较上年增长率（%）	7.98	-4.84	6.42%
房企 自筹资金	金额（万元）	50419.8	49037.56	49132.85
	较上年增长率（%）	6.31	-2.74	0.19%
地方 财政收入	金额（亿元）	75876.58	83002.04	87239.35
	较上年增长率（%）	9.95	9.39	5.11%

数据来源：国家统计局网站、中经网数据库和中国房地产信息网

①房地产投资额基本保持不变。别墅的投资额呈下降状态。

②土地购置费 2015 年呈下降态势，比 2014 年减少了 21%。当年购置土地面积是处于下降的态势，2014 年比 2016 年多 1 亿平方米。土地价格呈上升趋势，待开发土地面积是下降的趋势。

③商品房销售价格处于上升趋势，特别是 2016 年比 2015 年均价增长了10%。别墅的销售价格在 2015 年增长最快，为 16.91%。

④城镇居民可支配收入保持平稳增加，由 2014 年的 28844 元增加到33616 元。

⑤房地产企业经营收入增长加快，特别是 2016 年比 2015 年增长了 28%。房企土地转让收入缓慢增长，2016 年比 2015 年增加了 10%。房企商品房销售收入持续上升，2016 年比 2015 年增长了 29%。房地产企业房屋出租收入增长平缓，平均为 12%。

⑥房企国内贷款额处于先降后升的状态。房企自筹资金也是处于先降后升的状态。地方财政收入处于逐渐上升的状态。

调控的效果评价："去库存"是 2015 年政策主基调，稳定住房消费、支持自主和改善住房需求是房地产政策调整的主要方向。2015 年土地供应同比大幅度下滑，特别是库存压力普遍过大的三、四、五线城市。

◎ 3.8 2016 年 6 月—2020 年 8 月紧缩调控阶段

3.8.1 背景及调控目标

2016 年 12 月，中央经济工作会提出，促进房地产市场平稳健康发展。要坚持"房子是用来住的、不是用来炒的"定位，综合运用金融、土地、财税、投资、立法等手段，加快研究建立符合国情，适应市场规律的基础性制度和长效机制。

2017 年，全球经济表现良好，经济复苏由美国扩散到众多发达经济体以及新兴经济体，全球贸易及跨境资本流动复苏明显。全年国内生产总值 827122亿元，按可比价格计算，比上年增长 6.9%。第一产业增加值 65468 亿元，比上年增长 3.9%；第二产业增加值 334623 亿元，增长 6.1%；第三产业增加值427032 亿元，增长 8.0%。全年全国固定资产投资（不含农户，下同）631684

亿元，比上年增长 7.2%，增速比上年回落 0.9 个百分点。从城乡结构看，城镇常住人口 81347 万人，比上年末增加 2049 万人；乡村常住人口 57661 万人，减少 1312 万人；城镇人口占总人口比重（城镇化率）为 58.52%，比上年末提高 1.17 个百分点。

2017 年 10 月，中国共产党第十九次全国代表大会在北京召开。习近平同志在报告中指出："坚持'房子是用来住的、不是用来炒的'定位，加快建立多主体供给、多渠道保障、租购并举的住房制度，让全体人民住有所居。"

2018 年，我国国内生产总值达到 900309 亿元人民币，首次迈过 90 万亿元门槛，同比增长 6.6%，实现了 6.5% 左右的预期发展目标。固定资产投资累计增速创新高，其中房地产开发投资累计增速连续 11 个月超过 9%。第一产业投资 22413 亿元，比上年增长 12.9%；第二产业投资 237899 亿元，增长 6.2%；第三产业投资 375324 亿元，增长 5.5%，增速回落 0.1 个百分点。2018 年中国房地产政策已由去库存政策变为抑制投机，遏制房价过快上涨。

2019 年国内生产总值 990865 亿元，按可比价格计算，比上年增长 6.1%，分产业看，第一产业增加值 70467 亿元，比上年增长 3.1%；第二产业增加值 386165 亿元，增长 5.7%；第三产业增加值 534233 亿元，增长 6.9%。城镇常住人口 84843 万人，比上年末增加 1706 万人；乡村常住人口 55162 万人，减少 1239 万人；城镇人口占总人口比重（城镇化率）为 60.60%，比上年末提高 1.02 个百分点。

3.8.2 具体调控措施

2016 年 6 月起，住建部在全国范围内开展"史上最严"房地产中介专项整治工作，对发布虚假房源、为不符合交易条件的房屋提供中介服务、违规吃差价等 10 种违规行为进行严肃查处。

2016 年 7 月 14 日，国家发改委指出要更加注重分类、分城确定政策，一线及部分二线要加大住房供应，合理引导住房消费。

2016 年 10 月，住建部公布了 45 家违法违规房地产开发企业和中介机构名单。并将房地产行业违法专项整治统一执法行动与调控新政同步推进，楼盘虚假宣传、不正当竞争、价格违法、捂盘惜售、囤积房源、炒房团购等违法违规行为，中介发布虚假房源、哄抬楼市、房东跳涨等违法违规行为，均在立案查处之列。

2016 年 10 月 13 日，国务院办公厅发布《互联网金融风险专项整治工作实施方案》，规范互联网"众筹买房"等行为，严禁各类机构开展"首付贷"性质的业务。要求房地产开发企业、房地产中介机构和互联网金融从业机构等未取得相关金融资质，不得利用 P2P 网络借贷平台和股权众筹平台从事房地产金融业务；取得相关金融资质的，不得违规开展房地产金融相关业务。

11 月 25 日，住建部又召开了规范房地产中介行为持续整顿市场秩序电视电话会议，对中介编造散布谣言、发布虚假信息、赚取房源差价、挪用交易资金、违规开展金融业务、违规代理销售、无照经营等 7 类违法违规行为进行重点整治，依法从严从重从快进行查处。

2016 年 9 月 30 日，北京市人民政府发布《关于促进本市房地产市场平稳健康发展的若干措施》，包括二套房首付提高至 50% 等，率先开启"史上最严限购"。北京、天津、苏州、成都、合肥、广州、南京、深圳、济南、无锡、武汉、郑州等 22 个城市先后发布楼市调控政策。

2016 年是不动产统一登记制度在基层落地的关键一年，按照工作安排，要力争年底前所有市县停发旧证、颁发新证。在国土督察机构派出的 79 个督察组推动下，全国实现不动产统一登记"颁发新证、停发旧证"的地方政府大为增加。

督察工作开展以来，全国实现不动产统一登记"颁发新证、停发旧证"的地市、县分别增加 49 个、216 个；截至 11 月 20 日，已有 24 个省（区、市）实现所有地市、县"发新停旧"。统一登记之后，将分散在多个部门的不动产登记职责整合由一个部门承担，不必再东奔西跑，有利于保护公民物权。同时，不动产统一登记的展开能够计算出现有房地产空置率，并为开征房地产税起到基础性作用。政策出台之后，深圳、北京、西安等地都出台了相应的政策来回应重要的调控。

2017 年 2 月 28 日，中央财经委员会第十五次会议上，习近平同志强调深入研究短期和长期相结合的长效机制和基础性制度安排。大力发展住房租赁市场特别是长期租赁，在人口流入大中城市加快培育和发展住房租赁市场，推进国有租赁企业的建设，充分发挥对市场的引领、规范、激活和调控作用。支持专业化、机构化住房租赁企业发展，加快建设政府主导的住房租赁管理服务平台，加快推进住房租赁立法，保护租赁利益相关方合法权益。扎实推进新一轮棚改工作。2018 年改造各类棚户区 580 万套。

抓好房地产市场分类调控，促进房地产市场平稳健康发展。坚持房子是用来住的、不是用来炒的定位，完善促进房地产市场平稳健康发展的长效机制，坚持调控目标不动摇、力度不放松，保持房地产市场调控政策的连续性和稳定性，继续严格执行各项调控措施，防范化解房地产市场风险。

针对各类需求实行差别化调控政策，满足首套刚需、支持改善需求、遏制投机炒房。库存仍然较多的三四线城市和县城要继续做好去库存工作。加快区域协调和城乡统筹，促进大中小城市互联互通，提高中小城市、县城和中心镇的教育、医疗等基本公共服务水平，引导人口和住房需求合理分布。加大房地产市场秩序规范整顿力度，始终保持高压严查态势，严厉打击房地产企业和中介机构违法违规行为。加强市场监测分析，提高精准调控的能力和水平，进一步强化地方政府主体责任。

3.8.3 调控效果及评价

表 3-23　2017—2019 年相关指标一览表

年份		2017	2018	2019
房地产 投资额	金额（亿元）	109799	120264	132194
	较上年增长率（%）	7%	9.5%	9.9%
住宅 投资额	数额（亿元）	75148	85192	97071
	较上年增长率（%）	9.4%	13.4%	13.9%
新房屋 开工面积	面积（万平方米）	178654	209342	227154
	较上年增长率（%）	7%	17%	8.5%
住宅 新开工面积	面积（万平方米）	128097	153353	227154
	较上年增长率（%）	10.5%	19.7%	8.5%
全国商品 销售面积	面积（万平方米）	169408	171654	171558
	较上年增长率（%）	7.70%	1.33%	-0.10%
住宅 销售面积	面积（万平方米）	144788.77	147929.42	150144.32
	较上年增长率（%）	5.30%	2.17%	1.50%
全国商品房 销售额	数额（亿元）	133701	149973	159725
	较上年增长率（%）	13.70%	12.17%	6.50%
住宅 销售额	数额（亿元）	110239.51	126392.6	139439.97
	较上年增长率（%）	11.30%	14.65%	10.30%

续表 3-23　2017—2019 年相关指标一览表

年份		2017	2018	2019
企业土地 购置面积	面积（万平方米）	25508	29142	29320
	较上年增长率（%）	15.80%	14.25%	0.61%
全国商品房 待销售面积	面积（万平方米）	58923	52414	49821
	较上年增长率（%）	−15.30%	−11.05%	−4.95%
企业 到位资金	金额（亿元）	156053	165963	178609
	较上年增长率（%）	8.2%	6.35%	7.60%
城镇居民 可支配收入	金额（元／年）	36396.2	39250.8	42359
	较上年增长率（%）	8.27%	7.84%	7.92%
房企 经营收入	金额（万元）	95896.9	112924.68	110239.78
	较上年增长率（%）	6.44%	17.76%	−2.3%
房企土地 转让收入	金额（万元）	838.42	1207.38	874.14
	较上年增长率（%）	25.83%	44.01%	27.6%
房企商品房 销售收入	金额（万元）	90609.15	106688.38	104126.42
	较上年增长率（%）	6.39%	17.75%	−2.4%
房企房屋 出租收入	金额（万元）	1568.32	1484.3	1539.29
	较上年增长率（%）	−12.24%	−5.36%	3.7%
房企 国内贷款	金额（万元）	25241.76	24004.52	25229
	较上年增长率（%）	17.34%	−4.90%	5.10%
房企 自筹资金	金额（万元）	50872.22	55830.65	58158
	较上年增长率（%）	3.54%	9.75%	4.20%
地方 财政收入	金额（亿元）	91469.41	97903.38	190382
	较上年增长率（%）	4.85%	7.03%	3.80%

数据来源：国家统计局网站、中经网数据库和中国房地产信息网

①房地产投资额从 2017 年的 109799 亿元增加到 2019 年的 132194 亿元。住宅投资额从 2017 年的 75148 亿元增长到 97071 亿元。

②房屋新开工面积呈增加趋势，2018 年增速较快。从 2017 年的 178654 亿元增加到 2019 年的 227154 亿元。住宅新开工面积持续增长，从 2017 年的 128097 万平方米增加到 227154 万平方米。

③全国商品房销售面积三年基本持平，保持在 169000 万平方米以上。住宅销售面积基本上在 14 亿平方米，全国商品房销售额呈增长趋势，增速呈下降状态。住宅销售额在 11 万亿元以上，较上年增长 10% 以上。全国商品房待销售面积在 5 亿平方米左右，且待销售面积呈下降趋势。

④企业土地购置面积在 2.5 亿平方米，2017 年和 2018 年增长较快，在

14% 左右。企业到位资金在 15 万亿元以上，每年保持 6% ～ 8% 的增速。企业经营收入除了 2019 年有下降趋势，其他时间都是上升，2018 年上升较快，增长了 17.76%。房企商品房收入呈增长状态，2018 年增长了 17.8%。房企房屋出租收入呈下降态势，在 2019 年有所增加。

⑤房企国内贷款是先下降后上升的趋势。2017 年增长较多之后下降。房地产企业自筹资金呈上升的态势。较上年增长率增加 5%。

⑥地方财政收入是上升趋势。从 9 万亿增加到 19 万亿。2016 年，全国地王频频出现，截至 9 月底，出现 211 个地王。一线城市住宅土地楼面价同比上涨了 72.2%，二线城市涨幅达到了 86.7%。在未来预期市场良好的情况下，拉升了新房成交价格。未来经济下行的时候，会使房企的压力增加。

2016 年的住房不炒理念，更多的是中央定调，地方制定政策，地方来执行。这种调控方式相比较过去，是一大进步，特别体现了"因城施策"。中国的城市较多，每个城市情况都不一样。过去的调控有点一刀切，部分城市房价过高，中央就全国调控。现在各个地方结合自己的情况来进行调控，更有针对性，体现了因地制宜，以地方政府为主体责任的理念。中央只扮演指导角色，从过去的"分类调控"的提法改为"分类指导"，将调控主体具体到市级而非省级政府，说明中央对地方在房地产调控中的主体责任更加明确。未来城市房地产出现大幅度波动，则当地市长、市委书记等将承担直接责任。截至 12 月初，已有超百城发布 150 余次楼市调控政策，热点城市房地产市场总体呈降温之势；三四线去库存效果明显。与此同时，多地发文强调租购并举，扩大租赁市场，租赁用地已陆续入市。

◎ 3.9 小 结

本章将我国房地产宏观调控分为八个阶段：1978—1992 年，培育房地产市场发展阶段；1993—1997 年，整顿房地产市场阶段；1998—2002 年，大力发展市场阶段；2003—2007 年，紧缩调控阶段；2008 年 9 月—2009 年 5 月扶持房地产政策；2009 年 6 月—2014 年 8 月，抑制商品房，发展保障房；2014 年 9 月—2017 年 9 月，去库存阶段；2016 年 6 月—2020 年 8 月，紧缩调控阶段。并对每个阶段的调控效果从房地产投资额、住房投资额、新房屋开工面积、住宅新开工面积、全国商品房销售额、企业到位资金等指标变化来说明调控效果。中央调控的措施更加成熟，因地制宜，不再一刀切。中央的调控效果意图更明显，贯彻了住房不炒的理念。

第4章 专项调控措施评价

◎ 4.1 限购

4.1.1 限购定义

限购是指政府用限制购买的形式来调控房地产市场。北京是最早实行限购的城市。2010年5月1日起，北京规定单位家庭只能新购一套商品房，购房人在购买房屋时，要按照实际情况填写《家庭成员情况申报表》，如果被发现提供虚假信息骗购住房的，将不予办理房产证。到2011年2月，有36个城市提出限购。

4.1.2 限购具体措施

表 4-1 限购城市及限购细则

时间	城市	限购细则
2010年5月1日	北京	家庭只能新购一套商品房，购房人在购买房屋时，还需要如实填写一份《家庭成员情况申报表》，如果被发现提供虚假信息骗购住房的，将不予办理房产证。
2010年10月1日	深圳	暂时实行限定居民家庭购房套数政策。本市户籍居民家庭（含部分家庭成员为本市户籍），限购2套住房；能够提供在本市1年以上纳税证明或社会保险缴纳证明的非本市户籍居民家庭，限购1套住房。暂停在本市拥有2套以上（含2套）住房的本市户籍居民家庭、拥有1套以上（含1套）住房的非本市户籍居民家庭、无法提供在本市1年以上纳税证明或社会保险缴纳证明的非本市户籍居民在本市购房。

时间	城市	限购细则
2010 年 9 月 29 日	广州	1. 本市户籍居民限购 2 套；2. 本市户籍单身（含离异）人士限购 1 套；3. 非本市户籍连续缴满 5 年个税或社保（购房之日前起计算），限购 1 套；4. 非本市户籍居民家庭在从化、增城区内限购（含受赠）1 套住房；5. 境外机构和个人购房按照现行有关政策执行。
2011 年 1 月 31 日	上海	在上海已有 1 套住房的本地户籍居民家庭、能提供自购房之日起算的前 2 年内在上海累计缴纳 1 年以上个人所得税缴纳证明或社会保险（城镇社会保险）缴纳证明的非本地户籍居民家庭，限购 1 套住房（含新建商品住房和二手住房）；拥有 2 套及以上的本市户籍居民家庭、拥有 1 套及以上住房的非本市户籍居民家庭以及不能提供相关个税缴纳证明或社会保险缴纳证明的非本市户籍居民家庭，则暂停向其售房。
2011 年 3 月 2 日	苏州	本市户籍居民在市区已有一套住房的限购一套。已拥有两套及以上住房的暂停在本市向其售房。非本市户籍居民能够提供自购房之日起两年内，累积缴纳一年以上社保或者纳税证明的，限购一套住房，如果已经拥有一套及以上住房，暂停在市区向其售房（仅限市区范围内）。新规从 2011 年 3 月 2 日起开始施行。
2011 年 5 月 1 日	徐州	市区户籍居民家庭拥有一套住房的，商品住房自权属登记之日起未满 2 年或新建商品房买卖合同网备时间未满 5 年的，不得上市交易。
2011 年 10 月	合肥	合肥本地家庭禁购第三套住房，外地人最多只能买一套住房，限购包括新房和二手房。限购令对在本市城区范围内已拥有一套住房的当地户籍居民家庭、能够提供本市 1 年以上纳税证明或社会保险缴纳证明的非当地户籍居民家庭，限购一套住房（含新建商品住房和二手住房）。对已拥有两套及以上住房的本市户籍居民家庭、拥有一套及以上住房的外地户籍居民家庭、无法提供一定年限当地纳税证明或社会保险缴纳证明的外地户籍居民家庭，暂停向其售房。这次影响最大的应该就是有二套以上住房的家庭。

4.1.3 限购效果及评价

表 4-2　深圳和北京房价限购效果

年份	深圳住宅价格（元／平方米）	年份	北京住宅房价（元／平方米）
2008	12823	2011	25166
2009	14858	2012	30158
2010	20297	2013	40342
2011	19038	2014	37294
2012	18848	2015	39437
2013	21808	2016	57597
2014	23955	2017	57768
2015	33406	2018	59868
2016	53455	2019	58568
2017	54455	2020	57285
2018	54090	—	—

数据来源：深圳统计年鉴和安居客网站

从上表可以看出，自限购以后，深圳房价在 2011 年和 2012 年有回落，但是在 2013 年又开始上涨。北京房价是在 2014 年和 2015 年有回落，但是在 2016 年突然涨得较快。限购在初期效果比较明显，但是长期看，效果又打折扣了。

2013 年 6 月，呼和浩特发文取消限购，全国 40 多个城市相继取消或者大幅度松绑限购。随着去库存压力增加，到 2016 年 1 月 22 日，全国 46 个限购城市，仅剩 5 个城市（北京、上海、广州、深圳、三亚）没有取消限购。

限购作为一种行政命令，有一定的效果，特别是初期，但是长期看效果就不明显了。

◎ 4.2 房地产税

4.2.1 房地产税的属性

1. 税收的定义

税收是国家凭借政治权利，运用法律手段，按照预定的标准，无偿取得财政收入的一种特定分配关系。

税收的特征：（1）强制性。国家以社会管理者的身份，对所有的纳税人强制性征税，纳税人不得以任何理由抗拒国家税收。(2) 无偿性。指国家取得税收，对具体纳税人既不需要直接偿还，也不支付任何形式的直接报酬。所谓税收，就是向居民无偿索取。(3) 固定性，也称确定性。指国家征税必须通过法律形式，事先规定纳税人、课税对象和课税额度。这是税收区别于其他财政收入形式的重要特征。

税收制度及构成要素：（1）纳税人（课税主体）。纳税人是国家行使课税权所指向的单位和个人，即税法规定的直接负有纳税义务的单位和个人。(2) 课税对象（课税客体）课税对象又称征税对象，是税法规定的课税目的物，即国家对什么事物征税。(3) 计税依据。即课税的具体对象，有实物量和价值量两类。计税依据有以土地面积、房地产价值、房地产收益为计税依据。(4) 税率。税率是据以计算应纳税额的比率，即对课税对象的征收比例，体现征税的深度。按税率和税基的关系划分，税率主要有比例税率、累进税率和定额税率三类。

2. 我国现行的房地产税

表 4-3 我国现行的房地产税

房地产税收	房地产投资环节的课税	耕地占用税、印花税、契税、固定资产投资方向调节税
	房地产交易环节的课税	房地产产业营业税、城市维护建设税、土地增值税、教育费附加、契税、印花税
	房地产占用环节的课税	房产税、城镇土地使用税
	房地产收益的课税	所得税

①营业税。

营业税是对在我国境内提供应税劳务、转让无形资产或销售不动产的单位和个人，就其所取得的营业额征收的一种税。建筑业税率为3%；销售不动产为5%。

个人将购买不足5年的非普通住房对外销售，全额征收；个人将购买超过5年（含5年）的非普通住房对外销售，按其销售收入减去购买房屋价款后的差额征收。

个人将购买超过5年（含5年）的普通住房对外销售，免征。

②耕地占用税。

是国家对占用耕地建房或者从事其他非农业建设的单位和个人，依据实际占用耕地面积、按照规定税额一次性征收的一种税。由当地税务机关按照规定税额一次性征收。

③契税。

契税是以所有权发生转移变动的不动产为征税对象，向产权承受人征收的一种财产税。应缴税范围包括：土地使用权出售、赠予和交换，房屋买卖，房屋赠予，房屋交换等。契税的纳税义务人是境内转移土地、房屋权属，承受的单位和个人。境内是指中华人民共和国实际税收行政管辖范围内。契税实行3%～5%的幅度税率。

④城市维护建设税。

城市维护建设税，简称：城建税，是我国为了加强城市的维护建设，扩大和稳定城市维护建设资金的来源，对有经营收入的单位和个人征收的一个税种。

纳税人：缴纳增值税、消费税、营业税的单位（不包括外商投资企业、外国企业和进口货物者）和个人为城市维护建设税的纳税。计税依据：纳税人实际缴纳的增值税、消费税、营业税税额。纳税人所在地为市区的，税率为7%；纳税人所在地为县城、镇的，税率为5%；纳税人所在地不属于市区、县城或镇的，税率为1%。

⑤土地增值税。

对土地使用权转让及出售建筑物时所产生的增值量征收的税种。纳税人是转让国有土地使用权及地上的一切建筑物和其他随着物产权，并取得收入的单位和个人。征税范围：有偿转让国有土地使用权及地上建筑物和其他附着物所取得的土地增值额。税率：四级超率累进税率表如表 4-4 所示。转让合同签订后 7 日内办理，在项目全部竣工结算前转让房地产取得收入，无法准确核算成本的，可以预征，全部竣工后结算，多退少补。

表 4-4　四级超率累进税率表

时级数	增值额与扣除项目金额的比率	税率（%）	速算扣除系数（%）
1	不超过 50% 的部分	30	0
2	超过 50%～100% 的部分	40	5
3	超过 100%～200% 部分	50	15
4	超过 200% 的部分	60	35

⑥教育费附加。

教育费附加是对缴纳增值税、消费税、营业税的单位和个人征收的一种附加费。纳税人：凡缴纳增值税、消费税、营业税的单位和个人，均为教育费附加的纳费义务人（简称纳费人），但暂不包括外商投资企业和外国企业。税率：教育费附加的征收率为 3%。计算方法：应纳教育费附加＝（实际缴纳的增值税、消费税、营业税三税税额）×3%。

⑦房产税。

房产税是以房屋为征税对象，按房屋的计税余值或租金收入为计税依据，向产权所有人征收的一种财产税。纳税义务人：房屋的所有人、经营管理单位、承包人、房产代理人或使用人。产权属国家所有的，由经营管理单位纳税；产权属集体和个人所有的，由集体单位和个人纳税。产权出典的，由承典人纳税。产权所有人、承典人不在房屋所在地的，由房产代管人或者使用人纳税。产权未确定及租典纠纷未解决的，亦由房产代管人或者使用人纳税。无租使用其他房产的问题。纳税单位和个人无租使用房产管理部门、免税单位及纳税单位的房产，应由使用人代为缴纳房产税。外商投资企业和外国企业、外籍个人、海外华侨、港澳台同胞所拥有的房产不征收房产税。

⑧城镇土地使用税。

含义：城镇土地使用税是以开征范围的土地为征税对象，以实际占用的土地面积为计税标准，按规定税额对拥有土地使用权的单位和个人征收的一种行为税。

城镇土地使用税的每平方米年税率为：大城市 1.5～30 元；中等城市 1.2～24 元；小城市 0.9～18 元。

⑨个人所得税、企业所得税。

所得税是指国家就法人或个人的所得课征的一类税收。又称所得课税、收益税，指国家对法人、自然人和其他经济组织在一定时期内的各种所得征收的一类税收。纳税人：获得收入的法人、自然人和其他经济组织。

⑩交易手续费。

《城市房地产转让管理规定》《国家计委、建设部关于规范住房交易手续费有关问题的通知》：1. 住房转让手续费。按建筑面积收取。新建商品房每平方米 3 元，存量房每平方米 6 元。新建房转让手续费由转让方承担。存量房转让手续费双方各承担 50%。2. 住房租赁手续费，按套收取，每套 100 元。

这是税收区别于其他财政收入形式的重要特征。"房地产税"是指对房地产存量征收的一种财产税。房地产税的纳税人是房地产所有者或占用者居民（包括法人和自然人）。房地产税征收的对象是拥有房产和土地的个人。房地产的交易频度低，要按照市场影子价格评估或重新评估其价值（吴俊培，2009）。评估需要资金、人力和时间，并不能年年评估，评估之后经过一段时间进行下一轮。房地产税属于直接税，没有税收转嫁，有效率，税源稳定。

3. 房地产税的减免

个人所有非营运用的房产可以享受免税，企业创办的用于自用各类学校、幼儿园等教育机构以及医院可以享受到免税；经过房屋管理部门和主管部门一致鉴定的危房、停止使用的房产，经市县政府批准可以免征房产税，对于社会团体或者个人力量兴办的福利性、非营利性老年服务机构可以暂免房产税；对于房产税的减免主要还是针对企业或者个人在房产使用上对于社会所做的贡献为主要依据，既做到有法可依，也做到公正平等。对于能够享受到房产税减免的个人和企业，做出了自己的贡献，也相应地减少了税收的负担，在每个年度终结，需要申请减免的企业要提出书面的申请，提交经营状况以及相关证明，向所在地主管税务机关申请予以减免。综合来说，企业和个人可享受的房产税减免可以依照相应的规定进行免征或者减征，充分保证纳税人的权利和义务，是国家对纳税人的保护。

市政街道、广场、绿化用地等公共用地，免征城镇土地使用税；为发展农、林、牧、渔业生产和鼓励整治土地，改造废地，直接用于农、林、牧、渔业的生产用地，免征城镇土地使用税；经批准开山填海整治的土地和改造的废弃土地。从使用的月份起免纳城镇土地使用税 5 至 10 年，具体免税期限由各地自定。

为体现国家产业倾斜政策，支持重点产业的发展，国家对核能、电力、煤炭等能源开发用地，民航、港口、铁路等交通设施用地和水利设施用地特点，划分了征免税界限，给予了政策性减免照顾。除上述免税规定外，纳税人缴纳城镇土地使用税确有困难，需要定期减免税的，由省级财政税务机关审批，或审核后上报财政部、国家税务总局批准。

4.2.2 房地产税的准备

2002 年 7 月 1 日，北京市就开始实施区别性的契税制度：对高档住宅的购买者课征 3% 的契税，对普通住宅购买者课征 1.5% 的契税。京财税〔2003〕732 号文件规定，住宅转让所得税是有区别的 —— 对出售前后一年之内重新购买更大价值住宅的交易者免税或退税；对长期持有住房者（5 年以上）免税；对短期投机者课以 20% 的所得税。

2003 年，党的十六届三中全会提出"实施城镇建设税费改革，条件具备时对房地产开征统一规范的物业税"。

2003 年 5 月，财政部和国家税务总局就分 3 批在北京、辽宁、江苏、深圳、重庆、宁夏、福建、安徽、河南、大连等 10 个省区市和计划单列市的 32 个县、市、区开展了房地产模拟评税试点工作。

2005 年，十六届五中全会通过的《中共中央关于制定国民经济和社会发展第十一个五年规划的建议》，把稳步推进物业税列为"十一五"税制改革的一项重要内容。

2005 年，财政部和国家税务总局经过两年多的模拟试点，创建了符合我国国情的评税工作模式，开发了计算机批量评税软件，建立了政府部门间良好的合作机制。

2007 年 1 月，国税局下发《2007 全国税务工作要点》中，将"研究物业税方案"列入 2007 年工作范围。提交十届全国人大五次会议审议的财政预算报告草案中，强调要"研究开征物业税的实施方案"。10 月，国家税务总局相关负责人明确表示，目前正在积极稳妥地进行物业税出台前的准备工作。税务总局与有关专家沟通，创建了符合国情的评税工作模式，开发了计算机评税软件，准备为物业税的开征创造条件。

2007年，提请十届全国人大五次会议审议的财政预算报告中，首次提出"研究开征物业税的实施方案"。从2007年10月起，模拟评税试点地区中增加了安徽、河南、福建和大连4个省、市，从而使模拟评税试点地区扩大至10个省、市。2007年10月，全国范围内开展房地产模拟评税，物业税"空转"工作，虽然没有实际征税，但一切步骤与真实收税流程相同，由财政部门、房产部门以及土地管理部门共同参与，统计物业数量，并进行评估和税收统计。

2009年，国务院发布《批转发展改革委关于2009年深化经济体制改革工作意见的通知》，将"深化房地产税制改革，研究开征物业税"作为财政部、税务总局、发展改革委、住房城乡建设部负责的推进财税体制改革，建立有利于科学发展的财税体制的重要工作内容之一。

2010年，十七届五中全会通过的《中共中央关于制定国民经济和社会发展第十二个五年规划的建议》将"继续推进费改税，研究推进房地产税改革"作为今后五年"改革和完善税收制度"的重要议题。

2011年1月27日，国务院同意在部分城市对个人住房征收房地产税改革试点，具体征收办法由试点省、自治区、直辖市自行制定。随后，上海和重庆开始拟房地产税草案。

2011年1月28日，上海市人民政府出台了《上海市开展对部分个人住房征收房地产税试点的暂行办法》。

2013年5月24日，国务院《2013年深化经济体制改革重点工作的意见》扩大住房房地产税改革试点范围。

2013年11月9日，十八届三中全会提出明确的改革任务，要加快房地产税立法，并适时推进改革。房地产税是典型的地方税，何时开征会授权地方政府自行决定，并不是在某个时间全国一起征收，各个地方可以差别化。

2014年8月15日，《不动产登记暂行条例（征求意见稿）》公布，规定将集体土地所有权，房屋等建筑物、构筑物所有权，宅基地使用权等纳入不动产登记范围中。

2015年2月26日，《不动产登记暂行条例》正式公布，统一的不动产登记簿证样本正式对外公布。

经国务院批准，自 2016 年 5 月 1 日起，在全国范围内全面推开营业税改增值税试点，建筑业、房地产业、金融业、生活服务业等全部营业税纳税人，纳入试点范围，由缴纳营业税改为缴纳增值税。

2015 年 6 月 29 日，国土资源部第三次部务会议审议通过《不动产登记暂行条例实施细则》，根据条例，不动产登记要实现登记机构、登记簿册、登记依据和信息平台"四统一"。

2015 年 8 月 5 日，房地产税法第一次明确进入中国人大立法规划。

2017 年，中共中央办公厅，国务院办公厅印发《关于创新政府配置资源方式的指导意见》，在维护全国统一大市场的前提下，支持各地区在新型城镇化、国资国企改革、区域性金融市场和金融机构、房地产税、养老和医疗保障等方面探索创新。

2017 年 3 月，十二届全国人大五次会议上的表述为"今年没有把房地产税草案提请全国人大常委会审议的安排"。原因在于"这部法律涉及面比较广，也涉及方方面面的利益，所以围绕这个问题的讨论是比较多的"。

2018 年 3 月，十三届全国人大一次会议举行新闻发布会，回应房地产税问题时提到"目前正在加快进行起草完善法律草案、重要问题的论证、内部征求意见等方面的工作，争取早日完成提请常委会初次审议的准备工作"。

2018 年 9 月 7 日公布的十三届全国人大常委会立法规划中，包括房地产税法在内的 11 部税法同时亮相第一类项目，即条件比较成熟、拟在本届人大常委会任期内提请审议。

2019 年 3 月 9 日，十三届全国人大二次会议记者会上，在回应房地产税立法问题时回应，房地产税法由全国人大常委会预算工作委员会和财政部组织起草，目前，相关部门正在抓紧完善法律草案、重要问题的论证等方面的工作，待条件成熟时提请全国人大常委会初次审议。

4.2.3 重庆和上海房地产税的对比

1. 上海征收房地产税

上海房地产税征收的标准：

（1）试点范围为本市行政区域。

（2）征收对象是指办法施行之日起本市居民家庭在本市新购且属于该居民家庭第二套及以上的住房（包括新购的二手存量住房和新建商品住房，下同）和非本市居民家庭在本市新购的住房（以下统称"应税住房"）。除上述征收对象以外的其他个人住房，按国家制定的有关个人住房房产税规定执行。

（3）购房时间以购房合同网上备案的日期为准。居民家庭住房套数根据居民家庭（包括夫妻双方及其未成年子女，下同）在本市拥有的住房情况确定。

（4）产权所有人为未成年人的，由其法定监护人代为纳税。

（5）计税依据为参照应税住房的房地产市场价格确定的评估值，评估值按规定周期进行重估。试点初期，暂以应税住房的市场交易价格作为计税依据。房产税暂按应税住房市场交易价格的 70% 计算缴纳。适用税率暂定为 0.6%。应税住房每平方米市场交易价格低于本市上年度新建商品住房平均销售价格 2 倍（含 2 倍）的，税率暂减为 0.4%。本市居民家庭在本市新购且属于该居民家庭第二套及以上住房的，合并计算的家庭全部住房面积（指住房建筑面积，下同）人均不超过 60 平方米（即免税住房面积，含 60 平方米）的，其新购的住房暂免征收房产税；人均超过 60 平方米的，对属新购住房超出部分的面积，按本暂行办法规定计算征收房产税。

（6）合并计算的家庭全部住房面积为居民家庭新购住房面积和其他住房面积的总和。本市居民家庭中有无住房的成年子女共同居住的，经核定可计入该居民家庭计算免税住房面积；对有其他特殊情形的居民家庭，免税住房面积计算办法另行制定。本市居民家庭在新购一套住房后的一年内出售该居民家庭原有唯一住房的，其新购住房已按本暂行办法规定计算征收的房产税，可予退还。本市居民家庭中的子女成年后，因婚姻等需要而首次新购住房、且该住房属于成年子女家庭唯一住房的，暂免征收房产税。符合国家和本市有关规定引进的高层次人才、重点产业紧缺急需人才，持有本市居住证并在本市工作生活的，其在本市新购住房、且该住房属于家庭唯一住房的，暂免征收房产税。持有本市居住证满 3 年并在本市工作生活的购房人，其在本市新购住房且该住房属于家庭唯一住房的，暂免征收房产税；持有本市居住证但不满 3 年的购房人，其上述住房先按本暂行办法规定计算征收房产税，待持有本市居住证满 3 年并在本市工作生活的，其上述住房已征收的房产税，可予退还。其他需要减税或免税的住房，由市政府决定。对房产税试点征收的收入，用于保障性住房建设等方面的支出。房产税由应税住房所在地的地方税务机关负责征收。

（7）房产税税款自纳税人取得应税住房产权的次月起计算，按年计征，不足一年的按月计算应纳房产税税额。

（8）凡新购住房的，购房人在办理房地产登记前，应按地方税务机关的要求，主动提供家庭成员情况和由市房屋状况信息中心出具的其在本市拥有住房相关信息的查询结果。地方税务机关根据需要，会同有关部门对新购住房是否应缴纳房产税予以审核认定，并将认定结果书面告知购房人。应税住房发生权属转移的，原产权人应缴清房产税税款。交易当事人须凭地方税务机关出具的认定结果文书，向登记机构办理房地产登记；不能提供的，登记机构不予办理房地产登记。

（9）纳税人应按规定如实申报纳税并提供相关信息，对所提供的信息资料承担法律责任。纳税人未按规定期限申报纳税的，由地方税务机关向其追缴税款、滞纳金，并按规定处以罚款。

（10）应税住房房产税的征收管理除本暂行办法规定外，按《中华人民共和国税收征收管理法》等有关规定执行。具体征收管理办法，由市地税局负责制定。

2. 重庆做法

2011 年 1 月 28 日，重庆市人民政府出台了《关于进行部分个人住房征收房产税改革试点的暂行办法》（以下简称《暂行办法》）以及《重庆市个人住房房产税征收管理实施细则》。

2017 年 1 月 13 日，关于修订《重庆市关于开展对部分个人住房征收房产税改革试点的暂行办法》和《重庆市个人住房房产税征收管理实施细则》的决定。

（1）试点区域

试点区域为渝中区、江北区、沙坪坝区、九龙坡区、大渡口区、南岸区、北碚区、渝北区、巴南区（以下简称主城九区）。试点采取分步实施的方式。首批纳入征收对象的住房为：个人拥有的独栋商品住宅；个人新购的高档住房［高档住房是指建筑面积交易单价达到上两年主城九区新建商品住房成交建筑面积均价 2 倍（含 2 倍）以上的住房］；在重庆市同时无户籍、无企业、无工作的个人新购的第二套（含第二套）以上的普通住房。

新购住房是指《暂行办法》施行之日起购买的住房（包括新建商品住房和存量住房）。新建商品住房购买时间以签订购房合同并提交房屋所在地房地产交易与权属登记中心的时间为准，存量住房购买时间以办理房屋权属转移、变更登记手续时间为准。

未列入征税范围的个人高档住房、多套普通住房，将适时纳入征税范围。纳税人为应税住房产权所有人。产权人为未成年人的，由其法定监护人纳税。产权出典的，由承典人纳税。产权所有人、监护人、承典人不在房产所在地的，或者产权未确定及租典纠纷未解决的，由代管人或使用人纳税。应税住房产权共有的，共有人应主动约定纳税人，未约定的，由税务机关指定纳税人。

应税住房的计税价值为房产交易价。条件成熟时，以房产评估值作为计税依据。独栋商品住宅和高档住房一经纳入应税范围，如无新的规定，无论是否出现产权变动均属纳税对象，其计税交易价和适用的税率均不再变动。属于本办法规定的应税住房用于出租的，按本办法的规定征收房产税，不再按租金收入征收房产税。

（2）税率

第一，独栋商品住宅和高档住房建筑面积交易单价在上两年主城九区新建商品住房成交建筑面积均价 3 倍以下的住房，税率为 0.5%；3 倍（含 3 倍）至 4 倍的，税率为 1%；4 倍（含 4 倍）以上的税率为 1.2%。第二，在重庆市同时无户籍、无企业、无工作的个人新购第二套（含第二套）以上的普通住房，税率为 0.5%。

（3）应纳税额计算

①个人住房房产税应纳税额的计算。

应纳税额＝应税建筑面积 × 建筑面积交易单价 × 税率

应税建筑面积是指纳税人应税住房的建筑面积扣除免税面积后的面积。

②免税面积的计算。

扣除免税面积以家庭为单位，一个家庭只能对一套应税住房扣除免税面积。

纳税人在本办法施行前拥有的独栋商品住宅，免税面积为 180 平方米；新购的独栋商品住宅、高档住房，免税面积为 100 平方米。纳税人家庭拥有多套新购应税住房的，按时间顺序对先购的应税住房计算扣除免税面积。

在重庆市同时无户籍、无企业、无工作的个人的应税住房均不扣除免税面积。

（4）税收减免

①对农民在宅基地上建造的自有住房，暂免征收房产税。

②在重庆市同时无户籍、无企业、无工作的个人拥有的普通应税住房，如纳税人在重庆市具备户籍、有企业、有工作任一条件的，从当年起免征税，如已缴纳税款的，退还当年已缴税款。

③因自然灾害等不可抗力因素，纳税人纳税确有困难的，可向地方税务机关申请减免税和缓缴税款。

（5）征收管理

①个人住房房产税的纳税义务发生时间为取得住房的次月。税款按年计征，不足一年的按月计算应纳税额。

②个人住房房产税由应税住房所在地的地方税务机关负责征收。

③纳税人应按规定如实申报纳税并提供相关信息。

④个人住房房产税的征收管理依照《中华人民共和国税收征收管理法》的规定执行。

（6）收入使用

个人住房房产税收入全部用于公共租赁房的建设和维护。

表 4-5　上海与重庆模式的不同

试点范围	上海（全市行政区域）	重庆（主城九个区）
纳税人	应税住房产权所有人	应税住房产权所有人
征收对象	1. 本市居民家庭新购第二套及以上住房；2. 非本市家庭新购住房。	本市居民：独栋商品住宅、新购高档住房；无户籍、无企业、无工作个人新购第二套及以上住房。
计税依据	交易价格的 70%	交易价格
适用税率	住房每平方米市场交易价格较本市上年度新建商品住房平均销售价格 2 倍为低的，税率为 0.4%；高，0.6%。	独栋商品住宅和高档住房交易价格相对于主城区均价高 3 倍，0.5%；3 ～ 4 倍，税率 1.2%；4 倍及以上的 1.2%，其他的 0.5%。
税收减免	1. 本市居民新购二套按人均 60 平方米减免；2. 非本市按规定引进的高层次人才购唯一住房；3. 持有本市居住证满三年。	1. 存量独栋商品住宅减 180 平方米，增量独栋住宅和高档商品房按 100 平方米减免；2. 农民的宅基地暂免房产税。
征收用途	保障性住房建设等方面	公共租赁住房的建设和维护

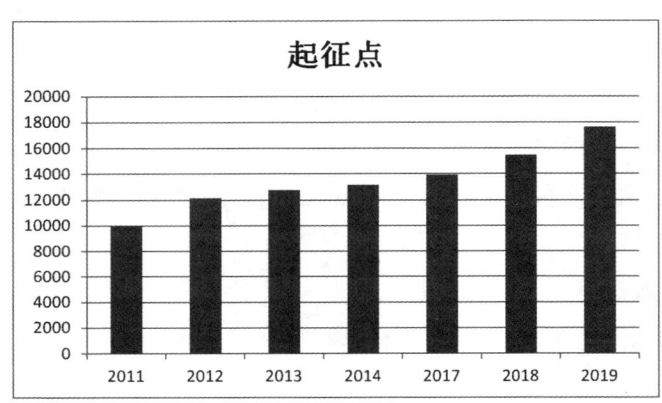

图 4-1　历史重庆房地产税起征点变化

表 4-6　重庆和上海地方财政收入

地方财政收入各项	重庆市 金额（亿元）	房产税 占比（%）	上海市 金额（亿元）	房产税 占比（%）
一般预算收入	1488	0.07	1676	0.04
其中：税收收入	880	0.11	1473	0.05
政府性基金收入	1420	-	2101	-
其中：土地出让金	1309	0.08	1491	0.05
地方本级财政收入	2908	0.03	3430	0.02

上海 2011 年和 2012 年共认定 5.7 万套应税住房，两年一共收入税款 46.7 亿元，不足地方财政收入的 1%。重庆 2011 年可征收房地产税的住宅有 9400 套，总计税 1 亿元。

4.2.4　政策评价

第一，在试点城市与非试点城市之间造成税负与享受公共服务匹配上的不公。试点城市公共租赁住房建设资金来源增加。非试点城市则没有这方面的收入来源。

第二，在存量房和增量房之间产生税负不公。房地产税主要是以增量房为主，存量房就不存在收税的问题。加大了代际之间的不公。使得后代人的赋税增加。政策总体温和，注重居民合理住房需求的维护。

第三，我国的土地性质和出让方式决定了房地产税征收较难。我国的土地属性包括全民所有和集体所有。土地能够流转是因为土地的所有权、使用权和收益权相分离。全民所有的代表是地方政府，全民所有的土地由地方政府为代表，将土地招拍挂给开发商，在这种情况下，开发商一次性支付了所有的土地租金。集体所有的土地由村集体为代表，集体所有土地的处置权是由村集体决定，不能由政府代表。集体土地的房产只能进行租赁，不能进行出售。如果出售只能在村集体内部进行流转。

◎ 4.3 保障性住房

我国保障性住房体系可以用下图表示。

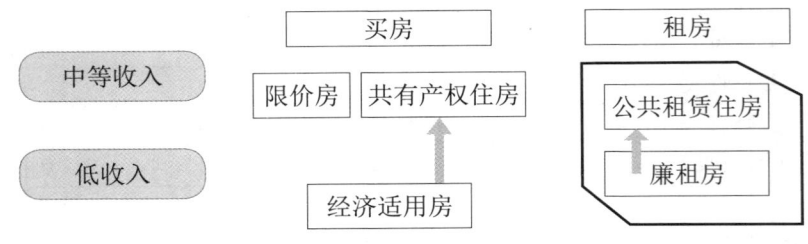

图 4-2 我国保障性住房体系

低收入人群买房是经济适用房，租房选择廉租住房。门槛较高，保障人群较少。中等收入人群买房购买限价房或者共有产权住房。有些地方比如深圳就将经济适用房归入共有产权住房。租房就是选择公共租赁住房。廉租房逐渐并入到公共租赁住房中。

4.3.1 经济适用住房

1. 经济适用房的特点

经济适用房是指根据国家经济适用住房建设计划安排建设的住宅。由国家统一下达计划，用地一般实行行政划拨的方式，免收土地出让金，对各种经批准的收费实行减半征收，出售价格实行政府指导价，按保本微利的原则确定，是具有社会保障性质的商品住宅。

经济性是指经济适用住房要比普通商品房价格便宜。主要便宜在土地出让金上，经济适用房是土地划拨的，没有经过招拍挂环节。

保障性是指经济适用房并不是向全体居民出售，而是面向中低收入人群的，具有一定的保障功能，是政府政策行为。

实用性是指经济适用房并不是按照奢侈品来定位，而更多地体现实用。

2. 经济适用住房政策

经济适用房这一概念最早出现在 1985 年的国家科学技术委员会《城乡住

宅建设技术政策要点》，根据我国国情到 2000 年争取基本上实现城镇居民每户有一套经济实惠的住宅。

1991 年 6 月，国务院在《关于继续积极稳妥地进行城镇住房制度改革的通知》文件中提出，大力发展经济适用的商品住房，优先解决无房户和住房困难户的住房问题。

1994 年 7 月，国务院《关于深化城镇住房制度改革的决定》中提出了实施国家安居工程的方案，开始了以安居工程为主要形式的经济适用住房的建设。12 月，建设部、国务院房改领导小组、财政部联合发布的《城镇经济适用住房建设管理办法》指出，经济适用住房是以中低收入家庭、住房困难户为供应对象，并按国家、住宅建设标准建设的普通住宅。经济适用房的价格按建设成本确定，建设成本包括征地拆迁费、勘察设计及前期工程费、建安费、小区内基础设施配套建设费、贷款利息、税金、物业的管理费。

1998 年，中国面临亚洲经济危机的冲击，对外贸易形势恶化，国家力图扩大内需来刺激经济增长，住宅产业受到广泛重视。同年 7 月，国务院的《关于进一步深化城镇住房制度改革，加快住房建设的通知》中明确提出建立和完善以经济适用住房为主的住房供应体系。至此，将经济适用住房建设作为经济增长点和解决城镇住房问题以国家政策的形式被确立下来。建设部颁发的《城镇经济适用住房建设管理办法》是经济适用房政策的纲领性文件。

2004 年 5 月，建设部会同国家发展和改革委员会、国土资源部、中国人民银行共同制定了《经济适用住房管理办法》，进一步明确经济适用住房性质是具有保障性质的政策性商品住房；强化了经济适用住房享受政府扶持的各项优惠政策；确定了经济适用住房的户型标准及开发建设方式；实行了严格限定价格、供应对象、面积标准的经济适用住房租售并举制度；规定了经济适用住房的申请、审批和公示制度，同时将集资、合作建房正式纳入经济适用住房制度，明确了经济适用住房的项目储备、工程质量、售后交易、违纪行为惩处等政策及制度。

2007 年 11 月 19 日，中华人民共和国建设部、中华人民共和国国家发展和改革委员会、中华人民共和国国土资源部、中国人民银行共同发布了《经济适用住房管理办法》，对经济适用房的优惠政策、开发建设、价格确定、交易管理、集资和合作建房、监督管理等作出了规定。

2013年年底，在全国城乡建设系统工作会议上，住建部等部门提出要逐步减少直至全国全部取消经济适用住房。

3. 地方关于经济适用住房的发展及退出

1998年10月，回龙观、天通苑、建东苑等19个首批经济适用住房项目拉开了经济适用房在北京大规模开发的序幕。

2000年12月，颁布实施《北京市城镇居民购买经济适用住房有关问题的暂行规定》，规定购买经济适用房的资格条件。具体包括申请购房的本市城镇居民须是无房户和现住房面积未达到本市规定的住房补贴面积标准的未达标户。在2001年底以前，本市城郊区城镇居民家庭年收入在6万元（含）以下的，可购房。夫妇双方为机关工作人员或教师的家庭不需要核定家庭收入，可凭有关证明购房。职工购房补贴建筑面积的执行标准为：国家公务员科级以下的，60平方米；正、副科级70平方米；副处级为80平方米；正处级90平方米；副司级，105平方米；正司级120平方米。机关工勤人员的购房补贴建筑标准是，技术工人中的初、中级工和25年以下工龄的普通工人60平方米；技术工人中的高级工、技师和25年（含25年）以上工龄的普通工人70平方米；技术工人中的高级技师80平方米。2002年12月，对经济适用房的购房程序作出补充规定。2004年5月，颁布并实施《北京市关于加强经济适用住房交易管理有关问题的通知》，规定已购经济适用住房的家庭未住满5年的，不得按市场价格出售住房。已购经济适用住房住满5年后，交易时出售人按成交价格的10%缴纳综合地价款的，购房人不需要补交成交价格3%的土地出让金。经济适用住房住满5年后按市场价格出售时，其成交价格低于已购经济适用住房再上市买卖指导价格的，按市国土房管局公布的已购公有住房和经济适用住房再上市最新住房指导价格，收取综合地价款；其成交价格高于已购经济适用住房再上市住房指导价格的，按成交价格收取综合地价款。2008年4月11日以后满5年的经济适用房征收差额70%的综合地价款。2004年9月1日之后购买的经适房，签订购房合同满5年，如果要上市交易，必须将按照届时公布的房屋评估价与当年购房价价差的55%向政府缴纳土地收益等价款。

2012年起，广州不再新立项建设经济适用住房。

2020年，随着《无锡市市区共有产权保障房管理暂行办法》的落地，无锡市市区范围内停止经济适用住房的申请。

4. 经济适用住房的取得的成绩和存在的问题

①经济适用住房取得的成绩。第一，优化房地产市场供应结构，平抑商品房价格的不合理上涨；经济适用房作为商品房的有效补充，可以对商品房起到抑制作用。因为价格更有优势，所以需求数量更多，作为商品房的替代品，可以起到抑制商品房价格的作用。第二，促进居民住房消费；因为可以以较低价格获得住房，可以促进中层收入人群购买住房的意愿。相当于价格歧视，本来这部分人是买不起住房，因为经济适用住房的出现，他们会积极购买，从而促进了这部分人的消费。第三，缓解城市旧城改造和房屋拆迁矛盾；城市旧城改造和房屋拆迁需要居民暂时有地方居住，一般三到五年才可以使拆迁补偿小区做好，经济适用房可以有效缓解住房压力。第四，促进城乡结合部等特殊区域的发展。城乡结合部是特殊区域，处于城市边缘，居住了大量的流动人口，经济适用房可以给他们提供住所，改变居住条件。

②经济适用房存在的问题。

第一，经济适用房最初定位范围偏大，造成供给不足。

北京 2001 年的购买条件，年收入低于 6 万元的家庭可以购买经济适用房，当年北京家庭人均可支配收入是 11577.78 万元，按户均人口 2.9 计算，家庭年收入平均约为 3.4 万。事实上收入线 6 万元把大多数住房困难家庭纳入了经济适用房的保障范围。2002 年北京市开发建设的经济适用房 21 个，2003 年增加到 33 个。据 2002 年的统计，总开发面积约 385 万平方米，2003 年北京将保持新开工 300 万平方米，竣工 200 万平方米。假如户均 100 平方米，每年可解决约 2000 户家庭的住房困难[①]。

第二，无法有效地甄别经济适用房购买对象的情况。

经济适用房应该是无房产或者家庭单位人均每平方米少于多少平方米的才有资格获得经济适用住房购买资格。对于政府来说，如何甄别这些购买人的资金情况是最大的问题。很多证明可以造假，导致政府不清楚购买人的具体情况，为了获取这种套利机会，普通人有些即使大房换小房来获取购买资格，有些找

---

①钱瑛瑛 . 中国住房保障政策研究 —— 经济适用房与廉租住房 [J]，中国房地产，2003,8:57-60.

关系走后门获取资格。现实中，个别经济适用住房小区存在着用户开着宝马的现象。

在1998年到2002年之间，经济适用房与普通商品住房价格相差不大。2003年之后，商品房与经济适用房差价逐渐拉大；个别城市开始对经适房申请人进行摇号；之后，个别城市再次抬高经济适用房购买门槛，对符合条件的人实行轮候，购买经济适用房竞争更加激烈。

第三，经适房建设过程中存在权力寻租，导致社会影响恶劣。

如2012年"房妹"事件，就是经济适用房中权力寻租的缩影。据报道，房妹是"90后"女孩，却拥有经济适用房11套。"房妹"是郑州市人，拥有两个身份证，双户口。全家拥有29套房产。后经监察机关发现，房管局内部人员违规通过"房妹"之母取得27套经适房房源。早在2011年年初，郑州市就曾在经济适用房领域掀起一波廉政风暴，包括土地、建设、房管、规划、物价、乡镇政府、村组干部等在内的13起案件17名违法分子先后落网并被判处刑罚①。

第四，经济适用房建设中，存在严重违规现象。

经济适用房建设用地属于无偿划拨，开发商利润较少，地方政府部门为弥补开发商，允许开发商开发一定比例的商品房作为补偿。按照郑州市的规定，在这些小区，商品房面积不能超过开发面积的30%。2009年曝光的郑州"经适房土地建别墅"事件，原来2004年，郑州市政府将西岗村41.76亩土地划拨给了河南天荣置业有限公司建设经济适用房，但是开发商却在土地上建了连体别墅，严重违规。

经济适用住房套型建筑面积应当严格控制在90平方米以内，规划、建设部门在对经济适用住房进行设计审查、施工图审查时，应当对套型面积严格把关，对不符合前款规定的，责令纠正。建设单位在开工前，应当将经规划、建设部门审定的经济适用住房套型面积报市房地产部门复核备案。甘肃兰州西固区经适房有123.5平方米，还有160平方米，这些面积都大大超过了90平方米。

---

①法制网 - 法制日报，2013-1-15，http://news.163.com/13/0115/07/8L893K3P00014AED.html.

经适房规定只能是个人自住。但是个别人违规获得了经适房，将经适房倒卖、出租获利，或者将经适房改造为营业性用房，严重违背了政府当初建设经适房的初衷，变为某些既得利益者获取收益的工具。例如甘肃兰州的经济适用房住户中，存在违规将经适房转为幼儿园、小超市等现象。陕西杨凌农业高新技术产业示范区的"永丰嘉苑"是经济适用房小区，一期、二期工程陆续竣工，三期还在建设中，依照经济适用房规定，小区购房人还没有取得完全产权，只能用于自住，不能出售、出租、闲置、出借，购买人要至少 5 年才可以上市交易，但是小区内违规出售和出租的现象十分严重。小区的住房价格要比周围商品房的价格一平方米便宜 200 ～ 400 元，这些人转手就可以赚到几万元的收入。

鉴于以上问题，中央逐渐在反思，经济适用房的保障范围是否是太宽了，保障的人群标准是否是太低了，而且经适房的购房资格审核太难，保障房应该先保障谁，根据这些问题的反思，中央逐渐取消了经济适用房。存在了 20 多年的经济适用房慢慢地退出了历史的舞台，有些地方比如无锡、深圳以共有产权住房的方式来继续开展经济适用房。

4.3.2　廉租房

1. 定义及特点

廉租房是指政府以租金补贴或实物配租的方式，向符合城镇居民最低生活保障标准且住房困难的家庭提供社会保障性质的住房。廉租房的分配形式以租金补贴为主，实物配租和租金减免为辅。廉租房只租不售，来源广泛，包括新建住房、空置楼盘、改造危房、老旧公房等。

特点：保障性，廉租房是面向城市最低生活保障且住房困难的家庭，体现了社会福利的特点，也体现了政府提供公共产品的属性。容易筛选，申请廉租房的一般是城市中有低保的人，这类人一般是身体有残疾或者家庭十分困难的人，所以筛选较容易。申请环节问题少，现实中关于廉租房爆出的负面新闻较少，廉租房没有产权，只有租赁权，虽然廉租房与市面上同等条件的住房一个月要相差几百到 1000 不等的差价，但是因为没有产权，所以现实中问题较少。

2. 相关文件

2005 年，建设部制定了《城镇最低收入家庭廉租住房申请、审核及退出管理办法》，该办法规定申请廉租住房保障的城市家庭应具备一系列条件：申请保障家庭其人均收入结合当地实际制定的收入标准；申请保障家庭现在的人均住房面积应该符合所在地政府确定的面积标准；申请保障家庭成员中最少要有一人是非农业常住户口；申请保障的家庭成员之间应该具有法定的抚养、扶养或者赡养关系以及符合各地结合当地实际制定的各自的保障标准。根据这些标准，我们国家的廉租房保障对象，约占整个城市家庭的十分之一左右。

《国务院关于解决城市低收入家庭住房困难的若干意见（国发〔2007〕）》，24号文件中逐步扩大廉租住房制度的保障范围。城市廉租住房制度是解决低收入家庭住房困难的主要途径。经济适用房则退居第二位，住房保障的对象改变为"低收入住房困难家庭"。

十七大报告指出，"健全廉租住房制度，加快解决城市低收入家庭住房困难"从而确立了廉租房的保障房地位。

住房城乡建设部、财政部、国家发展改革委联合印发的《关于公共租赁住房和廉租住房并轨运行的通知（建保〔2013〕178号）》的规定，从2014年起，各地公共租赁住房和廉租住房并轨运行，并轨后统称为公共租赁住房。

3. 各个地方廉租房建设情况

2000年上海市成为廉租住房工作试点，截至2012年9月，上海廉租房累计受益家庭达到9.2万余户。上海连年放宽保障房的准入条件，不断扩大保障房的覆盖面：廉租房连续6次放宽申请标准。自2006年以来，上海连年放宽廉租房准入标准。2007年8月，上海廉租房对象的收入认定标准实现了与民政低保线的分离，为家庭人均月收入600元以下，2008年上海的廉租住房政策把廉租对象的收入认定标准从月收入600元以下提高到800元以下，进一步把覆盖面从最低收入家庭扩大到低收入家庭。2012年收入线已放宽到人均月可支配收入1600元、人均财产5万元，对符合条件的申请家庭基本实现了"应保尽保"。

上海廉租房有两种配租方式，一种是政府以家庭月收入5%的低租金向特殊困难家庭按人均居住面积7平方米进行实物配租。第二种是以人均居住面积7平方米的标准，给符合条件的廉租家庭提供一定的租金补贴，使其直接到市场上租房。

上海的廉租房退出机制较完善。截至2010年12月底，通过对5.7万户次的复核，因动迁、收入增加、住房条件改善等原因退出廉租住房的达到1.45万户，调整租金配租金额的 8220 户。上海市通过全市房地产交易登记信息系统和公有住房租用信息系统核查住房状况，通过民政、人保、税务、房管、公安、交通等部门政府信息比对的方式核查家庭经济状况。将廉租房以往靠传统核查方式的检出率为 1% 至 3% 升高到 15% 和 25%[1]。

4. 廉租房存在的问题

第一，居民缺乏诚信，高收入依然申请廉租房。上海发现 4162 户家庭申报收入与实际情况存在较大差异。不诚信家庭中，存在申报收入与实际收入差异较大、申请家庭拥有机动车辆，甚至拥有高档汽车、申请家庭与工作单位共同造假等问题。

第二，地方政府投资廉租房动力不足，资金来源缺乏。2006 年上海市地方税收比房改之初增长了 10 倍，但对住房保障方面的投入仅仅占到地方财政收入的比重为 0.1% 不足。按照建设部统计，2003 年到 2007 年全国廉租房财政支出仅为 79 亿元，同期我国财政收入为 25 万亿亿元，仅仅占到万分之零点三。廉租房建设缺资金，地方政府对廉租房贯彻不力，也担心廉租房会变成贫民窟，投入较多也无法增进经济的增长，所以很多地方政府官员对此积极性不高，廉租房建设总量较小。

第三，廉租房位置较偏僻。北京独立廉租房小区东坝位于东北五环外，西辛房位于西六环外，距离中心城区较远。且住户老人居多，周围缺乏生活配套设施。

第四，廉租房只租不售。有些住户没有办法添置家电，笔者在郑州市廉租房进行过调查，廉租房房东是一个残疾阿姨和一个儿子，儿子在公交公司上班，马上就过了实习期，他们面临两个问题，一是超出廉租房保障范围，必须退出廉租房；二是因为是租住房屋，所以不敢添置家电。

5. 廉租房的后续

在 2014 年廉租房逐步与公租房并轨，但是个别地区并未合并，上海就没有将廉租房与公共租赁住房合并，2019 年，上海公布了《上海市廉租住房保障家庭复核管理试行办法》《上海市廉租住房申请审核实施细则》《上海市廉租

---

①这里的检出率是指不符合申请廉租房的家庭被挑选出来的概率。

住房申请对象住房面积核查办法》《上海市廉租住房租金配租管理实施细则（试行）》，选择租金配租的形式来对廉租房的住户进行补贴。

6. 廉租房政策的评价

廉租住房作为解决低收入群众的住房问题，起到了很好的作用。但是廉租房的建设数量较少，供给远远不能满足需求，加上租金远远低于市场价格，政府的负担较重。

4.3.3 公租房

1. 定义

定义：公共租赁住房是指由国家提供政策支持、限定建设标准和租金水平，面向符合规定条件的城镇中等偏下收入住房困难家庭、新进就业无房职工和在城镇稳定就业的外来务工人员出租的保障性住房。

2. 中央政策

2010 年，国务院发布了《关于加快发展公共租赁住房的指导意见》，提出要大力发展公共租赁住房，培育住房租赁市场。公共租赁住房是满足城市中等偏下收入家庭基本住房需求的重要举措，是引导城镇居民合理住房消费，调整房地产市场供应结构的必然要求。

2012 年，住房和城乡建设部公布了《公共租赁住房管理办法》，自 2012 年 7 月 15 日起施行。对申请公共租赁住房人资格进行了规定，在本地无房或者住房面积低于规定标准。申请人为外来务工人员的，在本地稳定就业达到规定年限，实行轮候制，最长时间不超过 5 年。租赁期限最长是 5 年。公共租赁住房退出机制：转借、转租或者擅自调换所承租公共租赁住房的；改变所承租公共租赁住房用途的；破坏或者擅自装修所承租公共租赁住房，拒不恢复原状的；在公共租赁住房内从事违法活动的；无正当理由连续 6 个月以上闲置公共租赁住房的。

2013 年 12 月，住房城乡建设部、财政部、国家发展改革委发布了《关于公共租赁住房和廉租住房并轨运行的通知》。从 2014 年起，各地公共租赁住房和廉租住房并轨运行，并轨后统称为公共租赁住房。进一步完善公共租赁住房租金定价机制，各地要结合本地区经济发展水平、财政承受能力、住房市场租金水平、建设与运营成本、保障对象支付能力等因素，进一步完善公共租赁住房的租金定价机制，动态调整租金。

2018 年，住房城乡建设部、财政部《关于印发推行政府购买公租房运营管理服务试点方案的通知》，为进一步完善公租房运营管理机制，更好地吸引企业和其他机构参与公租房运营管理，住房城乡建设部、财政部根据地方自愿原则以及公租房发展情况，确定在浙江、安徽、山东、湖北、广西、四川、云南、陕西等 8 个省（区）开展政府购买公租房运营管理服务试点工作。

3. 各个地方政策

2011 年，北京公租房政策中，公租房的覆盖对象包括外省市来京连续稳定工作一定年限，具有完全民事行为能力，有稳定收入，能够提供同期暂住证明、缴纳住房公积金证明或参加社会保险证明，本人及家庭成员在北京均无住房的人员。

2019 年，佛山禅城公租房开始抽签。佛山公租房申请对象，将各类引进人才和新就业大学生进行适度调整，结合外来务工人员将保障群体扩大为新市民；将公交司机、环卫工人以及佛山户籍特殊弱势的特困供养人员和低保临界对象纳入优先给予住房保障的对象。将公共租赁住房每年定期受理申请修改为全年工作日受理申请。

2010 年，上海市政府发布《本市发展公共租赁住房的实施意见》，建立了公共租赁住房制度。2013 年上海市发布了《市筹公共租赁住房准入资格申请审核实施办法》。

4. 政策执行情况

①资金缺乏严重，政府投入较少。公共租赁住房在执行过程中，最缺乏的就是资金。公共租赁住房投入在 GDP 中所占比重较少。

表 4-7　2019 年各个地方政府在公共租赁住房方面的支出以及占 GDP 的比重①

省份	总支出（亿元）	GDP（亿元）	占 GDP 比重 0.91%	省份	总支出（亿元）	GDP（亿元）	占 GDP 比重
北京	322.09	35371.3	0.82%	湖北	240.64	45828.31	0.53%
天津	116.23	14104.28	0.52%	湖南	305.21	36425.78	0.84%
河北	182.01	35104.5	0.87%	广东	662.85	107671.07	0.62%
山西	148.7	17026.68	1.22%	广西	185.55	21237.14	0.87%
内蒙古	210.71	17212.5	0.62%	海南	56.25	5308.94	1.06%
辽宁	154.4	24909.5	1.16%	重庆	108.19	23605.77	0.46%
吉林	136.45	11726.8	2.00%	四川	312.28	46615.82	0.67%
黑龙江	271.95	13612.7	0.71%	贵州	291.73	16769.34	1.74%
上海	230.67	32679.87	0.27%	云南	242.3	23223.75	1.04%
江苏	269.43	99631.52	0.26%	西藏	51.14	1697.82	3.01%
浙江	160.86	62352	0.76%	陕西	215.98	25793.17	0.84%
安徽	229.29	30006.82	0.30%	甘肃	124.5	8718.3	1.43%
福建	105.85	35804.04	0.69%	青海	69.93	2965.95	2.36%
江西	171.65	24757.5	0.35%	宁夏	63.58	3748.48	1.70%
山东	248.74	71067.5	0.49%	新疆	181.01	13597.11	1.33%
河南	268.58	54259.2					

数据来源：国家统计局

从表中可以看出，各个地区公共租赁住房支出在各省的 GDP 中所占比重较小，最高的是西藏，占到 3.01%，其次是青海、黑龙江，在 2% 以上，在 1% 以上的省份大多是经济发展欠发达地区，宁夏、新疆、云南、甘肃、吉林、内蒙古、贵州、海南。而经济发达地区的广东、上海、北京都在 1% 以下，江苏、浙江在 0.3% 以下。

②公共租赁住房供给严重不足，不能有效满足需求。

①胡吉亚. 我国公共租赁住房发展的路径优化 [J]. 上海交通大学学报（哲学社会科学版），2020,28（134）：57-70.

截至 2017 年年末，我国 GDP 排名前十的城市中只有重庆和天津的公租房数量达到了国际标准[1]。上海市 2017 年的公租房申请中，普陀区区筹房源共1162 套，有 480 余人轮候新房源，市筹馨越公寓，有 1000 多人轮候房源，一般市筹房源需要 2 年才能等到房源[2]。

③供给不足的背后是地方政府资金的缺乏。

地方政府债务不断增多，截至 2018 年 10 月末，全国地方政府债务余额184043 亿元，其中，一般债务 109269 亿元，专项债务 74774 亿元，政府债券181478 亿元，非政府债券形式存量政府债务 2565 亿元。公共租赁住房的建设主要依靠地方财政资金支持，公共租赁住房的土地一般是地方政府无偿划拨。而土地收入占地方政府财政外预算收入的大部分，因此一方面公共租赁住房减少地方政府的收入，另一方面又增加地方政府的支出，地方政府动力不足。

5. 政策评价

公共租赁住房有效满足了夹心层的住房需求，是保障性住房的非常重要的一个部分。公共租赁住房有助于提高社会的公平。在没有改变其社会成员福利的情况下提高了部分社会成员的福利，从而提高全体社会的幸福指数。公共租赁住房资源的稀缺导致申请上成了小概率事件或者是申请者需要等待期限较长，比如等待 2 年的时间，在这期间申请者还是需要自己去市场上租赁。

4.3.4 限价房

1. 定 义

限价房是限房价、限地价的"两限"商品房。政府在土地供应商采取"限制套型、限制房价、竞争地价、竞争房价"的办法，以公开出让方式确定开发建设单位建设的普通商品住房。是限定价格限套型的商品房，主要解决中低收入家庭的住房困难，是目前限制高房价的一种临时性举措。

---

① 胡吉亚. 我国公共租赁住房发展的路径优化 [J]. 上海交通大学学报（哲学社会科学版），2020,28（134）：57-70.
② 张晨. 上海市公共租赁住房之思考 [J]. 上海房地，20185（4）：7-9.

2. 具体政策

①北京的具体政策。2008 年，《北京市限价商品住房管理办法（试行）》。中等收入住房困难的城镇居民家庭、征地拆迁中涉及的农民家庭。以项目综合开发成本和合理利润为基础，参照同地段、同品质普通商品房价格。5 年方可上市交易。2018 年，北京《关于加强限房价项目销售管理的通知》，5 年内不得出租和转让。

②天津的具体政策。2018 年，天津关于规范限价商品住房管理有关意见。具有本市非农业户籍。武清区、宝坻区、静海区、宁河区和蓟州区非农业户籍的人员，申请时需在市内六区、环城四区（含天津空港经济区、天津滨海高新技术产业开发区、华苑科技园区）工作并在本市连续缴纳社会保险 1 年以上。开发建设单位应按照价格主管部门核定的价格销售，销售价格不得高于核定价格。按照规定，限价房的销售价格要比周边普通商品房低 20%。5 年内不得用于出租、转借或改变用途。

③成都具体条款。2017 年《成都市中心城区限价商品住房管理办法》，我市中心城区家庭或单身居民年收入在规定的收入标准以内户籍人口，单身要求 25 岁及以上，无个人住房，年收入标准 5 万元以内。家庭 2 人及以上的要求住房面积在规定面积之内。家庭年收入标准 10 万元以内。非户籍人口，在中心城区缴纳三年以上城镇职工社会保险，无自有住房（含租住公房）的外来从业人员。原则上参照我市上年度同区域同类住房的房价，并低于售房当期全国房价的平均涨幅。限价商品住房实行政府定价，销售价格比同地段同品质商品住房市场价低 15% ～ 20%。

④广州市具体条款。2007 年《广州市限价商品住宅销售管理办法（试行）》，根据限价房用地供应情况、本市居民住房现状和收入情况、房地产市场运行情况，以及住房保障范围和标准等因素确定。限价房项目的最高销售价格应当根据房地产市场运行情况，按照地块公开出让时同一区域、同一地段、同一类型商品住宅市场价格的一定比例确定。销售限价房的实际价格不得超过土地公开出让时确定的最高销售价格。限价房自办理房地产权属登记之日起 5 年内不得出租和转让。5 年期满后出租和转让的，应当向政府补交土地收益价款。限价房补交土地收益价款应当按照出租和转让时同地段、同类别商品住房市场价格与限价房购买价格之间差价的 70% 计算。2017 广州新政策规定，购买限价房

不涉及收入限制，应当同时符合以下 3 个条件：广州市户籍人口；本人（已婚的，含配偶和后代）在广州市没有自有产权住房；男性年满 25 周岁，女性年满 23 周岁。原则上按地块出让时同一区域、同一地段的同类型商品住宅市场价格 70% 的标准制定。土地出让时的销售价格是最高的销售价格。具体的销售价格可以由开发商根据市场需求，根据房屋的朝向、楼层等情况来确定，但是不能超出限定价。限价房自办理房地产权属登记之日起 5 年内不得出租和转让。5 年后出租和转让的，应当向政府补交土地出让金。限价房补交土地出让金的标准为：出租或转让时基准地价低于公开出让时成交楼面地价的，按照公开出让时成交楼面地价的 30% 补交；出租或转让时基准地价高于成交楼面地价的，按照基准地价的 30% 补交。

3. 限价房与经济适用房的区别

表 4-9　限价房与经济适用房的区别

房屋类型	限价房	经济适用房
保障对象	当地城镇中等收入以下住房困难家庭	当地城镇低收入住房困难家庭
土地来源不同	出让	土地划拨
销售价格确定方式不同	开发企业以出让方式取得土地前，在土地招拍挂文件中确定。	开发企业办理销售许可证之前，由物价部门确定。
销售价格不同		土地成本低开发商利润受限制，销售价格低于限价房。
准购面积不同	没有准购面积	根据家庭确定核准购房建筑面积

4. 限价房存在的问题

第一，限价房申请对象不明确。2009 年，广州允许海外高层次人才申请限价房。限价房本来就是为中等收入的人提供的保障性住房，而高层次人才一般具有自己购买商业住房的能力。

第二，限价房的申请过程容易存在权力寻租。2008 年北京海淀区的限价房由电脑摇号来配售，而公示中存在连号现象，调查显示 13 个购买者中 6 个是海淀区住建委的内部人员。

第三，限价房在房价下降时，存在流标风险和拒收风险。房地产市场较差，就存在流标风险。2008 年北京国土局的土地拍卖会上，因为投标企业太少，而流标。广州限价房在 2007 年开售，价格是周边楼盘的 70%，在 2008 年底交楼的时候遭遇业主拒绝收楼。

第四，限价房存在质量问题。2008 年，北京首个限价房项目的业主在装修时候发现房屋质量问题，墙体脆，阳台隔板不合格。2009 年，在广州 162 户业主投诉限价房存在开裂、地板翘起的质量问题。

5. 限价房政策评价

第一，作为我国保障性住房重要的一环，起到了完善保障性住房体系的作用，满足了中低收入人群的住房问题。对整个社会稳定和经济发展起到了决定性作用。实现了一定程度上的公平。

第二，对降低住房价格发挥了一定的作用。限价房增加了市场上住房的供给，从供给和需求的角度来说，对抑制房价起到了一定的作用。

第三，政策在执行过程中存在一定的权力寻租，导致政策执行效果出现偏差。限价房比普通商品房价格便宜 30％～ 40％，相当于价格存在套利空间，导致部分政府工作人员就权力寻租，来谋取个人利益。

4.3.5 共有产权住房

1. 定 义

由于经济适用住房和限价房在执行中存在各种各样的问题，共有产权住房作为更先进的住房保障制度产生了。共有产权住房是指地方政府让渡部分土地出让收益，然后低价配售给符合条件的保障对象家庭所建的房屋。保障对象与地方政府签订合同，约定双方的产权份额以及保障房将来上市交易的条件和所得价款的分配份额。购房人与政府之间按照份额共同拥有住房，具体份额由地方政府规定。

2. 各地共有产权的具体政策

时间	地区	具体方法	份额及能否转为商品房
2007	江苏淮安	实物配售,房源通集中建设、分散配建、市场收购。保障对象是新就业人员和进城务工人员。政府和企业货币补贴。	个人出资不低于 60%,政府出资不高于 40%。
2009	上海	城镇中低收入住房困难家庭。家庭人均住房建筑面积 15 平方米以下,28 岁以上,女 25 岁以上,三口之家放宽为 60 平方米。集中建设和配建。以户籍、婚姻、经济状况和住房情况四个方面来核实。	5 年内不得转让房屋,满 5 年后可按规定购买完全产权后上市转让。
2016	深圳	深圳特区特点:第一,将人才房与共有产权住房相结合。第二,将经济适用住房政策延伸到共有产权住房。条件:单身,无房,没有违法违建。	
2017	北京	土地出让,无房,单身满 30 周岁,中低收入北京户籍和非北京户籍家庭。共有产权房的个人产权份额比例按照 5 个百分点一个档位,即 50%、55%、60%、65% 等以此类推,一共 10 档,个人产权份额比例按照"就高"的原则来确定,即如果不满足 50%,就按照 50% 的保底比例来确定。非北京户籍可以放宽给 30% 的名额。	不能转为商品住房。

2018 年,广东提出在广州、深圳、珠海、佛山、茂名 5 市现行探索共有产权住房政策,试点期限为 1 年。9 月 11 日,广东发布的《关于推进共有产权住房发展的指导意见(征求意见稿)》提出,满足购买共有产权住房不少于 10 年等条件的,允许承购人一次性增购代持机构所持有的产权份额取得完全产权,住房性质转变为商品住房。南京的共有产权房也可以上市交易。南京提出,自购房发票记载时间 5 年后,经共有产权人同意,共有产权保障房可上市交易,交易价格按届时市场价执行。

北京的共有产权房并不能转为商品房。北京规定,同等价格条件下,代持机构可以优先购买。如果代持机构放弃优先购买权,那么其他符合共有产权住房购买条件的家庭也可以买。购买之后,房屋产权性质仍是共有产权住房,所占房屋产权份额比例不变。

3. 共有产权存在的问题

第一，土地供应较为紧张。集中新建取得了很大成效，但是随着北京、上海、深圳等地的城市用地紧张，共有产权将面临无地可用的局面。

第二，财政负担增加。共有产权房源较偏，导致公建配套需求增加，这又增加了政府的财政负担。

第三，共有产权设计各方面不合理。根据其他研究者的调查结果显示，共有产权住房存在户型设计不好，房间面积太小，公共交通不便，看病不方便，孩子入托不方便，小孩上学不方便，购物娱乐不便，社区服务不足等问题。北京的共有产权住房温度下降，其中一个原因就是共有产权户型、装修、位置、配建完全比不上商品房。

第四，不能流通导致购房者弃权。这种现象最严重就是在北京。在2017年9月共有产权刚刚推出的时候，北京的共有产权住房427套房源吸引了16万户的人报名，就是几百人抢一套房源。到2018年3月，有70%的人放弃购房。一方面是因为房价在2018年处于下行趋势，另外一个就是北京的共有产权住房不能再入市流通。

4. 共有产权住房制度评价

第一，共有产权住房是经济适用房、限价房的延伸，是保障性住房的有效补偿。共有产权住房的特点，价格低、保障中低收入人群，流通受限制。

第二，各地的共有产权政策不尽相同，效果也不一样。北京放宽了对户籍的限制，是一个创新，很多流动人口没有当地户籍。但是北京限制了共有产权的流通，导致共有产权遇冷。

第三，共有产权制度的法律保障有待进一步完善。

◎ 4.4 小 结

本章对我国房地产市场行政调控手段限购进行了分析，结果是限购手段在刚开始效果不是很明显，时间长以后限购的效果逐渐显现。对于房地产税，从上海和重庆的实际征收效果来看，因为征收力度不大，房地产税对房价的调控作用不大。对于保障性住房制度的，从一开始的经济适用住房，廉租房到之后的公租房、限价房和共有产权住房，从一开始关注中低收入人群购买住房到后来的大力发展租赁住房，保障的幅度和保障的范围逐渐清晰。

第 5 章 我国财政政策演变

◎ 5.1 我国财政政策演变

5.1.1 1993 年之前的财政制度

1993 年之前，我国财政体制分为两个阶段：一是中华人民共和国成立到 1980 年，实行中央高度集权模式——统收统支的模式，各级地方都向上提供交税，再由中央统一拨付，但是由于总体的经济较差，中央也没有多少积累。二是 1980 年到 1993 年。实行"分灶吃饭"包干制。1979 年实行改革开放，1980 年起，除了北京、天津、上海继续实行总额分成、一年一定的体制外，各省、自治区实行了划分收支、分级包干的新财政体制，给各个省份一定的自主权。这样，各省份的积极性就调动了起来，沿海省份福建、浙江、广东逐渐富裕起来。但是中央想集中力量办事却没有资金。

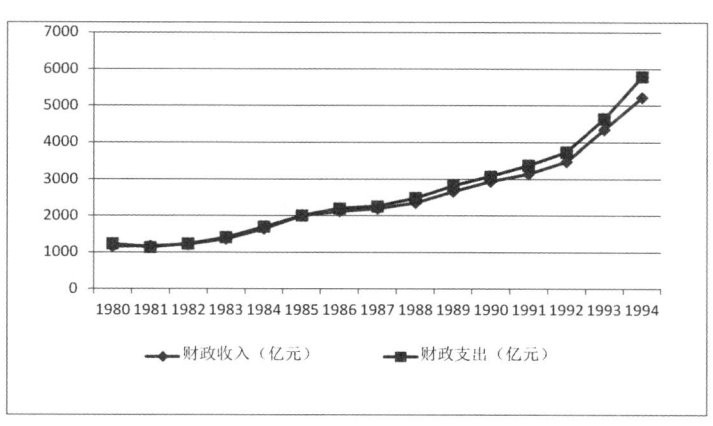

图 5-1　1980—1994 年我国财政收入和财政支出情况

从图 5-1 可以看出，从 1980 年到 1994 年，我国财政收入和财政支出都处于上升的趋势。从 1986 年到 1994 年财政支出要大于财政收入，且财政支出

119

大于财政收入的差距处于扩大的趋势。13 年，财政收入从 1000 多亿元增加到 5000 多亿元。财政支出从 1000 多亿元增加到将近 6000 亿元。

5.1.2 1993 年之后的财政制度

1993 年之后，为了改变这种局面，朱镕基总理决定实行分税制，来加强中央的财政能力。1993 年，朱镕基带领了财政部、发改委、中国人民银行等中央部委的人员，从中国最南端海南开始，找当地来谈判，实行分税制。第二站就是广东，广东经济实力在全国排第一，所以是最难谈判的。

分税制其实就是中央把地方的纳税给收走了。分税制是当地省份的税收 70% 给中央，30% 给地方，地方交的多了，再返回地方。分税制还确定了中央与地方的事权和财权的划分。

属于中央政府的税收包括消费税、车辆购置税、关税，进口增值税，各银行总行、各保险总公司集中缴纳的营业税、所得税、城市建设维护税，中央企业缴纳的所得税，中央与地方所属企业、事业单位组成的联营企业、股份制企业缴纳的所得税，地方银行、非银行金融企业缴纳的所得税，海洋石油企业缴纳的所得税、资源税，外商投资企业和外国企业所得税，个人所得税中对储蓄存款利息所得征收的部分，中央税的滞纳金、补税、罚款，证券交易印花税。这些税收的特点是税源大而集中的税种。

属于地方税收的是营业税、城市维护建设税（不包括上述由国家税务局系统负责征收管理的部分），地方国有企业、集体企业、私营企业缴纳的所得税、个人所得税（不包括对银行储蓄存款利息所得征收的部分）、资源税、城镇土地使用税、耕地占用税、土地增值税、房产税、城市房地产税、车船使用税、车船使用牌照税、印花税（除证券交易印花税）、契税、屠宰税、筵席税（2008 年停征）、农业税（已停征）、牧业税及其地方附加，地方税的滞纳金、补税、罚款。地方税源的特点是分散、收入零星、涉及面广。

中央负责国家安全、外交和中央国家机关运转，调整国民经济结构、协调地区发展、实施宏观调控。地方的职责是本地区政权机关运转所需支出以及本地区经济、社会事业发展所需支出。

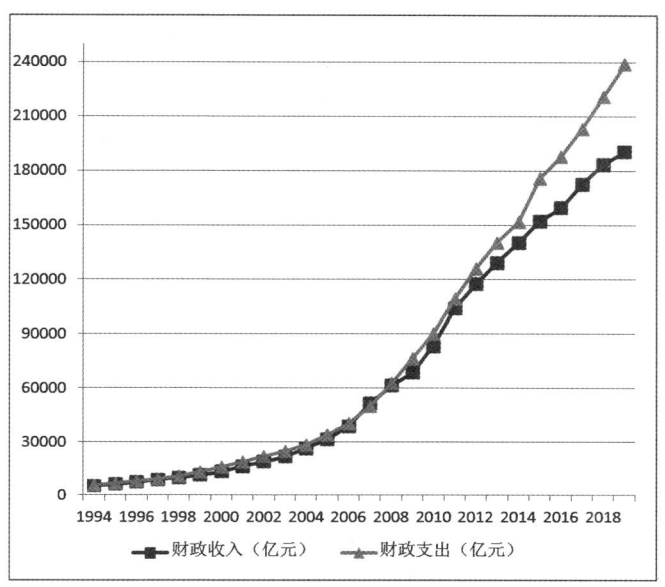

图 5-2　1994—2018 年我国财政收入和财政支出情况

从图 5-2 可以看出，从 1994 年到 2018 年我国财政收入从 5000 多亿增加
到 2019 年的 180000 多亿，增长了 35 倍。财政支出从接近 6000 多亿到 240000
多亿。从 1994 年到 2008 年，财政收入和支出大致相等，2009 年之后财政支出
要超过财政收入。

5.1.3 中央政府财政收入和支出变化

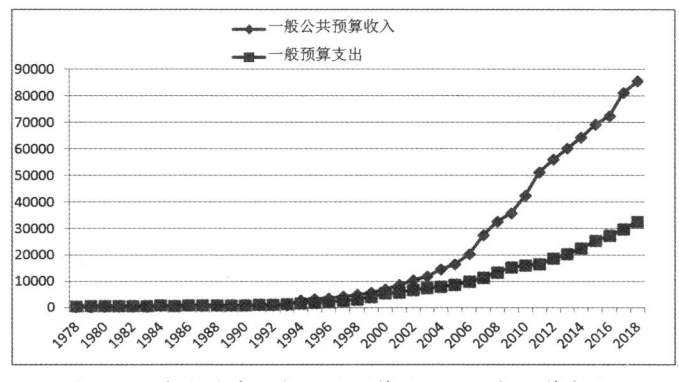

图 5-3　中央政府一般公共预算收入和一般预算支出

从图 5-3 可以看出，中央政府一般公共预算收入随着时间的推移逐渐增加。在 1994 年之前是中央财政支出大于中央财政收入，1978 年差距高达 200%。1993 年之后，中央财政收入大于中央财政支出，且这种趋势处于上升状态。2018 年中央财政收入达到 85456.46 亿元，是中央财政支出的 2.6 倍。

5.1.4 地方政府财政收入和支出变化

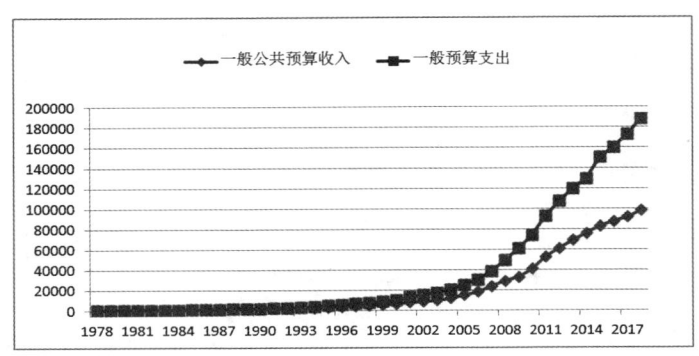

图 5-4 地方一般公共预算收入和一般预算支出

从图 5-4 可以看出，地方一般公共预算收入在 1994 年之前是大致平衡，有个别年份预算支出大于预算收入。但在 1994 年之后，预算公共支出开始快速上升。2018 年预算公共收入达到 97903.38 亿元，预算支出达到 188196.3 亿元，公共预算支出是预算收入的 1.92 倍。地方政府财政资金严重不足。

◎ 5.2 我国的土地财政演变

5.2.1 相关概念

《中华人民共和国宪法》规定，城市的土地属于国家所有。农村和城市郊区的土地，除了由法律规定属于国家所有的以外，属于集体所有。宅基地和自留地、自留山，也属于集体所有。

生地，生地指的是已完成土地使用权批准手续（指征收），没进行或部分进行基础设施配套开发和土地平整而未形成建设用地条件的土地。

熟地，指的是已完成土地开发等基础设施建设（具备"几通一平"），形成建设用地条件可以直接用于建设的土地。

毛地指的是已完成宗地内基础设施开发，但尚未完成宗地内房屋拆迁补偿安置的土地。

净地指的是已完成宗地内基础设施开发和场地内拆迁、平整，土地权利单一的土地。一般而言，"生地""熟地"重点着眼于建设；而"毛地""净地"更多着眼于出让。

土地储备：依据土地利用总体规划、城市规划的要求，土地储备机构通过征用、收购、置换、收回、转制等方式取得土地，直接或者对土地进行适度开发整理后储存起来的过程，土地储备工作重点为土地取得与收储。

5.2.2 土地财政状况

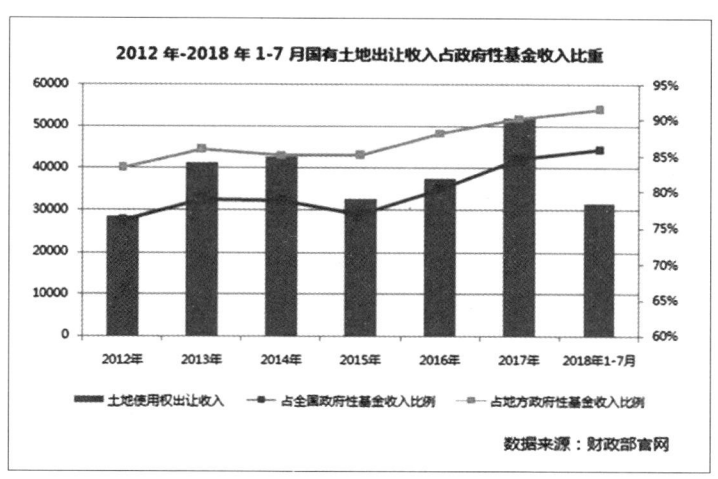

图 5-5　2012—2018 年土地使用权出让收入占全国行政性基金比例

从图 5-5 可以看出，从 2012 年到 2018 年土地使用权出让收入是一个曲线变化，在 2013 和 2014 年上升，2015 年下降，2016 年上升，2017 年达到最高，土地使用权出让收入占全国政府性基金收入比例在 75% 以上。占地方政府性基金收入比例在 85% 以上。土地出让收入占到预算外财政资金的 50% 以上。地方政府对土地出让金的依赖仍然很高。

表 5-1　2019 年中国主要城市土地出让金排行榜

排名	城市	土地出让金（亿元）	同比涨幅	财政收入（亿元）	土地出让金占的比重
1	杭州	2836.6	13.42%	3650	77.72%
2	上海	1992.3	4.38%	7165.1	27.81%
3	广州	1864.7	26.34%	6336.2	29.43%
4	苏州	1850.2	33.72%	2221.8	83.27%
6	北京	1699.4	0.98%	5817.1	29.21%
8	重庆	1559.9	−0.53%	2134.9	73.07%
9	宁波	1401.9	36.68%	2784	50.36%
10	成都	1383.6	23.4%	1483	93.30%

资料来源：中商情报网 www.askci.com

从以上数据可以看出，2019 年杭州土地出让金达到 2836.6 亿元，比去年同期上涨 13.42%。土地出让金占到财政收入的比重达到 77.72%，苏州的土地出让金占财政收入的 83.27%，成都的土地出让金占财政收入的 93.3%。土地出让金成为财政收入的主要来源。

◎ 5.3 小 结

我国现行的分税制使我国的地方政府财政收入较少。地方政府的职能较多，财政收入无法弥补财政支出。土地出让收入成为地方政府增加收入的一个重要途径。地方政府在两因素之下没有降低土地市场温度的动力。

第6章 我国房地产市场中各方博弈

◎ 6.1 我国房地产市场中主体的目标

6.1.1 中央政府目标

在 1998 年住房制度改革以前，我国以福利分房为主，只有少量的住房商品化、市场化，从福利分房到住房商品化中间要有一个过程，要经历一个很长的时间。我国住房制度改革的目标是实现住房商品化，把住房纳入市场经济运行的轨道，通过住房市场优化配置住房资源。房地产市场化可以促进我国经济的发展，带动相关产业的发展，直接吸纳就业，扩展就业机会，对宏观经济有重大影响。改善居民住房条件。政府建立和完善我国的住房供给体系和住房保障制度，在 1998 年初，我国政府确立建立以高收入家庭通过市场购买或租赁住房，中低收入家庭以购买经济适用房为主，低收入家庭租房为主的多目标住房供给体系。培育和规范住房交易市场，发挥市场在资源配置中的基础性作用。

房地产业是我国经济的重要支柱产业。引导和促进房地产业持续稳定健康发展，有利于保持国民经济的平稳较快增长，有利于满足广大群众的基本住房消费需求，有利于实现全面建设小康社会的目标[1]。中央政府是整个国民经济的调控者，是全面利益的代表。中央政府的职责是协调房地产行业与整个国民经济发展适应，同时考虑到房地产市场总供给和总需求的平衡，使房地产价格稳定，房地产收益分配合理。

我国中央政府对房地产市场进行宏观调控的主导思想是：坚持住房市场化的基本方向，坚持以需求为导向，坚持深化改革，坚持加强宏观调控，坚持在

---

[1]国务院办公厅，《转发建设部关于调整住房供应结构稳定住房价格意见的通知》，2006,5-24.

国家统一政策指导下，建立适合我国国情的住房市场体系，不断完善房地产市场体系，满足不同收入家庭的住房需要。中央政府的房地产市场调控目标是：建立完善的、适合我国的住房供给体系和住房保障制度，培育和规范住房交易市场，发挥市场在资源配置中的基础性作用。优化土地资源配置，合理利用和保护土地资源，建立公开、公平、公正的土地使用制度，建立和完善有形市场，培育和规范土地要素市场。发展房地产金融，消除影响居民住房消费的体制性和政策性障碍，努力实现房地产市场总量基本平衡，结构基本合理，价格基本稳定。保证建设工程质量，保护人民生命和财产安全，维护房地产市场秩序，保障房屋拥有人的合法权益，各个城市因地制宜制定政策，使房地产业的发展与当地经济和社会发展相协调，促进经济社会可持续发展。

6.1.2 地方政府目标

中央与地方的关系中，单一制的国家结构决定了中央政府是地方政府权力的来源，中央政府在行政事务上拥有最高和最终的决定权[①]。地方政府官员的政治前途主要掌握在中央政府的手中，与同一级的地方官员而进行的竞争成为"政治晋升博弈"，在这个博弈的过程中，竞赛优胜的标准由上级政府决定。改革开放以后，GDP为核心内容的经济增长成为竞争优胜评定的最重要的标准。房地产业的发展是推动全国经济增长的重要动力之一。为了使自己利益的最大化，地方政府对房地产市场是怕冷不怕热，他们希望住房市场价格走高，带动大量的投资需求和消费需求。他们的目标是保证财政税收的巨大收益；保证当地的土地升值的巨大收益；通过房地产产业高的关联度来带动当地经济的繁荣发展，提高当地的就业率和人民的收入水平，同时带动基础设施建设、城市市容建设，体现政府官员的政绩。

分税制下，地方政府财政紧张，土地出让金和房地产税收成为地方政府财政收入的重要来源。地方政府需要进行基础设施建设，发展地方经济，而基础设施项目的现金流不足，所以地方政府只能通过卖地来解决发展地方经济的资金问题，将土地作为抵押品不断从银行中取得贷款。如果土地价值下跌，不

---

①沈荣华.中国地方政府学 [M].北京：社会科学文献出版社，2006，51.

仅使地方财政收入减少，也使地方政府将土地作为抵押物的价值下降，影响其贷款信誉，资金链断裂，严重将导致地方政府破产，为此他们只可能不断的使土地价格上升来满足自己的资金需求。房地产业的发展可以推动地方政府的GDP，房地产价格提高了，可以使地方政府得到更多的税收和土地出让金。地方收入的增加使地方政府有更多的支配权，使他们对推动地方的政绩工程有了资金的保障。而且地方政府对土地有直接的管理权限，对土地有直接的规划和开发职能。当土地成为最大收入来源的时候，地方政府就会最大限度地追求土地资产的增值。房地产的发展可以提高地方城市的形象，所以地方政府都会尽力给房地产开发企业提供帮助，使其繁荣发展[1]。

6.1.3 开发商目标

开发商通过市场或者非市场手段从地方政府购买土地，用自有资金或者其他融资方式获取的资金开发土地，并获得不同职能政府部门的批准，根据市场的需求来设计产品类型，并在此基础上建设，创造出更多商品，并被社会所承认，来最大限度地满足该地区的房地产需求，实现企业的持续经营，持续盈利。开发商的目标是在市场经济条件下，追求利润最大化，尽量减少成本，扩大市场份额。在房地产的销售中，房地产开发商知道开发成本、房地产质量等信息。房地产开发商提供的产品具有不可移动的特点，产品形成后改变的代价将很大，所以开发商必须做好项目的前期工作，认准市场前景。

6.1.4 消费者目标

住房市场上的消费者可以分为两类：一类是购买住房满足自住需求。这类购买者的目标就是在市场上购买适合自己生活工作或者学习的理想地段房屋，考虑到自己的支付能力和个人偏好，以自己预期内的消费价格来获得。因为我国社会保障体系不完善，拥有住房让人拥有了安全感，我国居民对住房有特殊的情结，住房不仅是家庭生活必需的物质基础，同时住房是生活质量和社会地位的象征。第二类是以购买住房作为投资需求的消费者。这类消费者目标就是

---

[1]郭卫东.论地方政府与房地产行业的关系 [J]. 消费导刊，2007,11:68-69.

在市场上选择有升值潜力的住房，希望依赖房租收入或者只是将房产放置，等房价上涨之后再销售。

在很多分析房地产市场博弈的研究中都将银行作为一个很重要的主体，银行的作用在于为开发商提供资金，同时也是中央调控信贷政策的执行者，但是相对于中央政府、地方政府、开发商和消费者对市场的影响力来说，银行的影响力相对较小，所以本书就不再考虑银行。主要将中央政府、地方政府、房地产开发商和消费者作为市场的利益主体。

◎ 6.2 房地产市场主体之间的博弈分析

6.2.1 地方政府与中央政府之间的博弈

国家统计局安徽调查队专题调查发现，对造成房价较高的诸多原因中，54.8% 的居民认为，房价高的原因在于国家宏观调控不完善及地方政府政策执行不力。中央政府在房地产市场的目的与地方政府是不同的，在中央政府进行房地产市场的调控中，中央政府只是制定大的发展方向，具体的执行细则还需要地方政府结合当地的实际情况来制定。中央政府为稳定房地产价格做了非常多的调控，中央的政策导向非常明确，但是在执行过程中调控就没有达到效果，原因之一是地方政府在和中央政府在政策执行过程中部分或完全抵消了调控政策的效用。地方政府不愿意房价下跌，中央要求地方进行的调控目的，与地方利益相冲突，地方政府没有积极性来执行政策，在调控的效果上就大打折扣了。只有当中央政府的政策与地方政府的利益相一致的时候，地方政府才会尽力地贯彻执行这个政策。这里借助于博弈的数学模型来对这种情况进行深入分析。

基本假设如下：

1. 中央政府和地方政府都是风险中立的理性人。中央政府的效用目标是追求中央政府利益最大化；地方政府的效用目标是追求地方政府利益最大化。

2. 所设的函数为线性函数。

3. 假设现在中央政府出台了政策 A 来调控房价上升过快；政策的效果系数为 α，$\alpha \geq 1$。

4. 假设政策执行后，中央政府得到的效用为 β，地方政府的效用为（$1-\beta$）。

5. 假设 γ，（$0 \leq \gamma \leq 1$），地方政府全力执行政策时 $\gamma=0$，地方政府违规时候

γ≠0。

6. 假设地方政府不执行或者不全力执行政策时，所产生的效用系数为δ。

7. 假设地方政府不执行该政策的概率为P_1，

8. 假设中央政府实现监督的概率为P_c，且发现地方政府没有执行的概率为P_m，对地方政府的惩罚为违规量的 N 倍进行，中央政府的监督成本为 C。

9. 假设不执行政策，违规量为 L，中央政府的损失为 L*γ*A。

地方政府和中央政府的选择策略如图 6-1 所示：

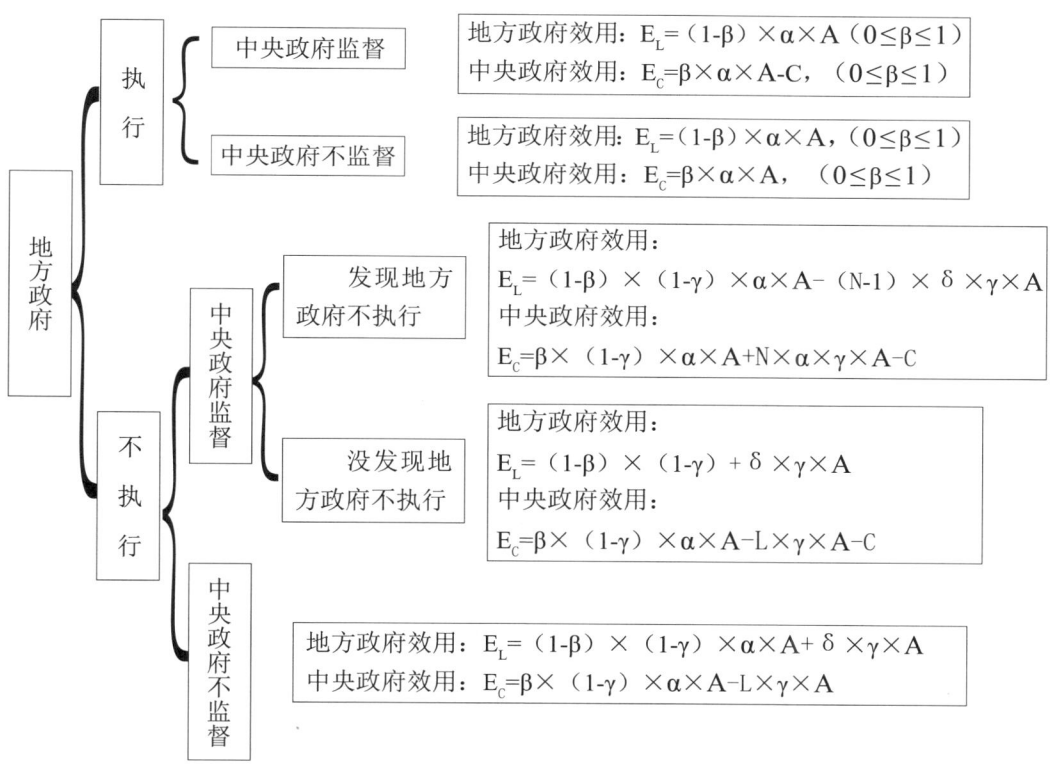

图 6-1　中央政府和地方政府的策略选择

地方政府不执行政策时，中央政府监督的效用为：

$$Y_{C1}=P_1\{[P_m\beta\times(1-\gamma)\times\alpha\times A+N\times\alpha\times\gamma\times A-C]+(1-P_m)\times[\beta\times(1-\gamma)\times\alpha\times A-L\times\gamma\times A-C]\}+(1-P_L)[P_m\times(\beta\times\alpha\times A-C)+(1-P_m)\times(\beta\times\alpha\times A-C)]$$

中央政府不监督效用为：

$Y_{C2}=P_1[\beta\times(1-\gamma)\times\alpha\times A-L\times\gamma\times A]+(1-P_L)\times\beta\times\alpha\times A$

当 $Y_{C1}=Y_{C2}$ 时，可以得到地方政府违规活动的最优概率，这种情况下中央政府无论监督还是不监督都没有大的差异。这个时候地方政府违规活动的最优概率 $P_1=\dfrac{C}{P_m}\times a\times A\times(N\times a+L)$

中央政府监督的时候，地方政府不执行政策的效用为：

$Y_{L1}=P_C\{P_m[(1-\beta)\times(1-\gamma)\times\alpha\times A-(N-1)\times\delta\times\gamma\times A]+(1-P_m)\times[(1-\beta)(1-\gamma)\times\alpha\times\gamma+\delta\times\gamma\times A]\}+(1-P_C)\times[(1-\beta)\times(1-\gamma)\times\alpha\times A+\delta\times\gamma\times A]$

地方政府如果执行中央政府制定的政策的收益为：

$Y_{L2}=(1-\beta)\times\alpha\times A$

当 $Y_{L1}=Y_{L2}$ 时，可以得到中国政府进行监督的最优概率，这种情况下地方政府执行中央政策与不执行中央政府政策无差别。然后解出监督的最优概率 $P_c=\delta-(1-\beta)\times\dfrac{\alpha}{(P_m N\delta)}$

当中央政府不对地方政府监督的时候，则 $P_C^*=0$，那么由 $Y_{L1}=Y_{L2}$ 得出：

$P_C\{P_m[(1-\beta)\times(1-\gamma)\times\alpha\times A-(N-1)\times\delta\times\gamma\times A]+(1-P_m)\times[(1-\beta)(1-\gamma)\alpha\times\gamma+\delta\times\gamma\times A]\}+(1-P_L)(1-\beta)\times(1-\gamma)\times\alpha\times A+\delta\times\gamma\times A]=(1-\beta)\times\alpha\times A$

把 $P_C^*=0$ 代入，得出 $\delta\times A=(1-\beta)\times\alpha\times A$

因为 $\alpha\geq1$，可知 $(1-\beta)\times A\leq\delta\times A$，以上可以看出，如果地方政府执行中央政府的政策，但是所产生的效用达不到中央政府预期执行政策所产生的效用，在这种情况下，地方政府就会执行中央政策。

如果中央政府认为必须监督地方政府，即 $P_C^*=1$，由 $Y_{L1}=Y_{L2}$，推出：

$P_C\{P_m[(1-\beta)\times(1-\gamma)\times\alpha\times A-(N-1)\times\delta\times\gamma\times A]+(1-P_m)\times[(1-\beta)(1-\gamma)\alpha\times\gamma+\delta\times\gamma\times A]\}+(1-P_C)\times[(1-\beta)\times(1-\gamma)\times\alpha\times A+\delta\times\gamma\times A]=(1-\beta)\times\alpha\times A$

将 $P_C^*=1$ 代入，得 $P_M^*=\delta-(1-\beta)\times\dfrac{\alpha}{(N\times\delta)}$

当中央政府选择 $P_C>P_C^*$ 的概率监督时，地方政府的最优选择是执行政策；相反，地方政府就会选择不执行中央政策或者不尽力去履行中央政策。如果中央政府以 $P_C=P_C^*$ 的概率对地方政府进行监督时，地方政府对中央政策履行或者不履行政策没有差别，这个时候由地方政府按照自己的意愿来选择。

由 $P_c=\delta-(1-\beta)\times\dfrac{\alpha}{(P_m N)}\times\delta$ 可知，P_C^* 随着 P_m 和 N 的增加而减少，中央政府的最优监督选择的概率是与发现地方政府是否违规的概率的变大而变小，也随着中央对地方惩罚系数的增大而变小，因此中央政府要提高监督质量从而提高发现违规的概率，并加大惩罚系数，从而降低中央政府对地方政府监督的概率。

当中央政府增加对地方政府不执行政策的惩罚力度，来保障地方政府执行中央政策的自觉性，从 $P_1=\dfrac{C}{P_m}\times a\times A\times(N\times a+L)$ 得出，随着 N 的增加，P_L^* 会减少，可以减少地方政府的违规行为，但是中央政府监督概率 $Pc=\delta-(1-\beta)\times\dfrac{\alpha}{(P_m N)}\times\delta$ 随着 N 的加大，而 P_C^* 会减少，中央政府增加了对地方政府的惩罚力度，中央政府对地方政府监督的概率降低了。随着中央政府监督概率的降低，地方政府将采取混合战略，而混合战略的收益由中央政府的期望收益决定，在中央政府期望收益不变的情况下，增大对地方政府违规的处罚，在较短时间内可以对地方政府的不执行政策或者不尽力执行政策起到抑制效果，但从长期来看，随着惩罚力度 N 的增加，中央政府监督概率会下降，即中央政府会更少关注地方政府在房地产市场上的行为，这样会使地方政府的投机机会上升。

因此，当中央政府的调控目标与地方政府调控目标一致时，地方政府会全面执行中央政府的政策，而调控目标不一致的时候，地方政府就会采取不尽力执行政策或者根本不执行中央政策，同时由于中央和地方之间的信息不对称，中央政府对地方政府是否执行政策的监督成本很高。

6.2.2 开发商与中央政府之间的博弈

中央政府和房地产开发商之间的博弈主要表现为中央政府判断市场的情况是过热和过冷，然后制定政策，调节开发商的行为。开发商也要根据市场情况判断中央政府的政策，从而及早做出反应，来使自己的利润最大化。

1. 假设 Z_i 表示中央政府的行为，用 Z_1 表示中央政府采取鼓励房地产市场发展的政策，Z_2 表示中央政府采取抑制房地产发展的政策；r_i 表示房地产开发商 r 的行为空间，其中 r_1 表示房地产开发商采取涨价策略，r_2 表示房地产开发商采取降价策略；房地产市场水平类型为 l_k，其中 l_1 表示市场过热，l_2 表示市场平淡。

2. 假设在市场过热的时候，中央政府采取鼓励发展房地产的政策的条件概率为 $p(\frac{z_1}{l_1})$，采取抑制房地产发展的政策的条件概率为 $p(\frac{z_2}{l_1})$；当房地产市场过冷时候，中央政府采取鼓励发展房地产市场的条件概率为 $p(\frac{z_1}{l_2})$，采取抑制房地产发展的政策的条件概率为 $p(\frac{z_2}{l_2})$；

3. 房地产开发商在了解到中央政府鼓励房地产发展政策时，对房地产市场现状过热／过冷类型的后验判断的概率分别为 $p(\frac{1}{z_1})$, $p(\frac{2}{z_1})$，在观测到中央政府采取抑制房地产市场发展政策时，对房地产市场现状是过热／过冷类型时做出的后验判断概率分别为 $p(\frac{1}{z_2})$, $p(\frac{2}{z_2})$。根据贝叶斯法则，房地产开发商修正自己的后验概率，进而判断当前市场水平状况。

4. 根据信号博弈的特点，其完美贝叶斯均衡的条件是 $p(\frac{1_k}{z_i})\geq0, \sum l_k p(\frac{1_k}{z_i})=1(k=1,2;i=1,2)$。

5. 将 G_B 和 R_B 表示中央政府和房地产开发商的收益。房地产开发商在 t 时期将房产卖出的价格用 p_t 来表示，房地产开发商建房成本中不包括成本贷款所需还的利率用 c_0 表示，Q 表示 t 时期市场交易量，E_{ki} 表示房地产商在市场状况为 l_k 中央政府采取政策 z_i 时持有房产（未卖出房产）预期可获得的收入，即将未来的收入折算成现在的资金。C_{ki} 表示开发商在市场类型为 l_k 中央政府采取政策 z_i 时持有房产的成本，如果是投资资金成本则折算成为的贷款利率。则房地产开发商的效用函数为：$G_B=(P_t-C_0)\times Q+E_{ki}-C_{ki}$，当市场繁荣时，$P_t-C_0\geq C_1$；当市场萧条时，$P_t-C_0\leq C_1$。$C_1$ 为一常数值，作为房地产商所希望达到的比较好的状态中的最低利益。

6. 用 p 表示房地产价格，T(P,Q) 表示中央和地方在房地产市场上得到的税收收入，C_{1i} 表示如果房价上升中央政府面临的成本，如市场过热，房价上涨会带来市场过热，从而损害买房者的利益，带来房地产市场的危机；C_{2i} 表示房价下跌时中央政府面临的成本，如果房价下跌可能引起房地产市场萧条，从而导致房产商利益受损，经济不景气。则中央政府的收益函数可以表示为

$G_B = T(P,Q) - C_{1i}(P) - C_{2i}(p)$，并且 $\frac{\partial T}{\partial P} > 0, \frac{\partial T}{\partial Q} > 0, \frac{(\partial C_{1i})}{\partial P} > 0, \frac{(\partial C_{2i})}{\partial P} < 0$。

7. $p(\frac{1}{z_i}k)$ 是房地产开发商收到信息后对市场情况做出的后验判断，设房地产开发商认为房地产市场过热的概率为 $p(\frac{1}{z_i}1) = q$，房地开发商认为房地产市场平淡的概率为 $p(\frac{1}{z_i}2) = 1-q$。则房地产商的预期收益函数为：

$EU_d = p(\frac{1}{z_i}1)U_d(l_1, z_i) + p(\frac{1}{z_i}2)U_d(l_2, z_i)$

$= q[(C_1+x)Q + E_{1i} - C_{1i}] + (1-q)[(C_1-x)Q + E_{2i} - C_{2i}]$

$= C_1Q + (2q-1)xQ + q(E_{1i} - C_{1i}) + (1-q)(E_{2i} - C_{2i})$

其中，$x = |pt - C_0 - C_1|$，假设中央当政府采取鼓励发展房地产政策时房地产开发商持有房产的预期收益成本 $E_{k1} - C_{K1} > 0$；当中央政府采取抑制房地产发展政策时房地产开发商持有房产的预期收益成本 $E_{k2} - C_{K2} < 0$。

下面分析在不同的政策信号下，开发商的对策。

1. 选择发送相同的信号而不管中央政府认为市场状况如何。这时房地产开发商的策略由其预期收益 EU_d 决定。假设中央政府采取鼓励房地产发展的政策，则

$EU_d = C_1 Q + (2q-1)xQ + q(E_{11} - C_{11}) + (1-q)(E_{21} - C_{21})$

那么当 $\frac{1}{2} \leq q \leq 1$ 时，因为 $E_{K1} - C_{k1} > 0$，所以 $EU_d > C_1Q$，如果房地产开发商判断市场热的概率较大时，将选择提高价格。用逆推归纳法来推出中央政府的决策，对于房地产商的判断和决策思路，中央政府非常清楚，中央知道只要选择鼓励消费政策，房地产商判断出现市场热的概率较高时，房地产商一定会选择涨价。同时，又因为 $\frac{\partial T}{\partial P} > 0$，$\frac{(\partial C_{1i})}{\partial P} > 0$，$\frac{(\partial C_{2i})}{\partial P} < 0$，因此，随着房价的逐渐升高，税收 $T(P,Q)$ 成本 C_{1i} 将增加，而成本 C_{2i} 将下降，此时中央政府收益 $U_z = T(P,Q) - C_{11}(P) - C_{21}(P)$ 将取决于 $T(P,Q) - C_{21}(P)$ 与 $C_{11}(P)$ 之差，如果中央政府采取鼓励房地产市场发展的政策而获得的税收增加，同时因为防止了房价下跌而导致的成本 C_{21} 下降，这样所带来的收益增加大于房价上涨所带来的成本 C_{11} 的增加量时，那么 $U_z \geq 0$，此时，中央政府用鼓励房地产发展政策将是合适的。相反，若 $U_z \leq 0$，这种情况下，中央政府采取鼓励消费政策将使中央政府的收益

下降，政策是不合适的。

综上，当 $T(P,Q)-C_{21}(P) \geq C_{11}(P)$ 时，中央政府和开发商的混同均衡可表达为：

1. 中央政府选择采取鼓励消费政策即 Z_1。

2. 房地产开发商的判断是 $\frac{1}{2} \leq p(\frac{1}{z_1}) \leq 1$，即开发商就判断只要中央政府采取鼓励消费政策，市场就出现繁荣的概率很高。

3. 开发商涨价，只要中央政府采取鼓励消费政策。

同样道理，假定中央政府采取抑制消费政策，只选择发送 Z_2 时，只有当 $T(P,Q)-C_{22}(P) \geq C_{12}(P)$ 时，中央政府和房地产商的混同均衡可表述为：

1. 中央政府选择采取抑制发展房地产的政策 Z_2。

2. 开发商的判断是 $\frac{1}{2} \leq p(\frac{1}{z_2}) \leq \frac{1}{2}$，即开发商判断只要中央政府采取抑制房地产市场发展政策，市场出现繁荣的概率较低。

3. 开发商降价，只要中央政府采取抑制房地产市场消费政策。

中央政府依据不同的市场情况发送不同的信息。如果中央政府的策略选择为：在房地产市场萧条时，选择鼓励房地产市场发展的政策；在房地产市场过热时，选择抑制消费政策，也就是：

$$p(\frac{1}{z_1^2})=1, p(\frac{1}{z_1^1})=0, p(\frac{1}{z_2^1})=1, p(\frac{1}{z_1^2})=0$$

一旦中央政府出台鼓励房地产发展的消费政策则说明市场水平偏低；中央政府若出台抑制房地产发展的消费政策则说明市场水平偏高。

假设中央政府发出的信号是鼓励消费政策 z_1，则 $q=p(\frac{1}{z_1^1})=0, 1-q=p(\frac{1}{z_1^2})=1$，那么 $EU_d=(C_1-x)Q+E_{21}-C_{21}$，其中 $E_{21}-C_{21}>0$，从而 EU_d 是否大于 C_1Q 就取决于 $E_{21}-C_{21}$ 与 xQ 的差异。

当 $EU_d>0$ 时，开发商提高房价，当 $EU_d<0$ 时，开发商降低房价。

那么中央政府的决策，如果开发商提高房价，因为 $\frac{\partial T}{\partial P}>0, \frac{(\partial C_{1i})}{\partial P}>0, \frac{(\partial C_{2i})}{\partial P}<0$，因此随着房价上升，税收 $T(P,Q)$ 上升，成本 C_{21} 下降，成本 C_{11} 上升。

如果 $T(P,Q)-C_{21}(P) \geq C_{11}(P)$ 时，$U_z \geq 0$，即中央政府采取政策鼓励消费引起税收的增加以及房价上升而导致成本 C_{21} 下降所带来的收益的增加大于房价上涨所带来的成本 C_{11} 的增加量时，这种情况下中央政府采取鼓励消费政策将是非常合适的。反之若 $U_z \leq 0$ 是不合适的。

如果开发商选择降价，则税收 $T(P,Q)$ 下降，成本 C_{21} 上升，成本 C_{11} 下降。

如果 $T(P,Q)-C_{21}(P) \geq C_{11}(P)$，$U_z \geq 0$ 即中央政府采取政策鼓励居民买房导致税收的下降以及房价下降而导致成本 C_{21} 上涨所带来的收益的损失小于房价下降所带来的成本 C_{11} 的减少量时，那么此时，中央政府采取鼓励消费政策将是合适的。反之若 $U_z \leq 0$ 是不恰当的。

由此得到结论，房地产开发商选择涨价还是降价需由 E_{21}-C_{21} 与 xQ 的差值决定，而中央政府再由相应的 U_z 的取值来判断采取鼓励政策是否明智。

同理，若中央政府发出的信号是抑制房地产的消费政策 l_2，即 $q=p(\frac{l_1}{z_2})=1$，$1-q=p(\frac{l_2}{z_2})=0$, $EU_d=[(C_1+x)Q+E_{12}-C_{12})]$，其中 $E_{12}-C_{12}<0$；同样需要由 xQ 和 $E_{12}-C_{12}$ 的差值来决定房地产商选择涨价还是降价，中央政府再由相应的 U_z 的取值来判断采取抑制房地产市场发展政策是否明智。

综合上述分析得出以下结论：在房地产商决策之后，中央政府才能够得出自己的效用函数，从而判断中央的政策是否正确。所以不宜由中央政府来主导市场的走向。因为中央政府自身效用函数所起的作用，中央政府出台的政策必须考虑它的收益与成本大小，只有在中央政府出台的政策所带来的预期收益大于其成本时，才能达到均衡状态，才是正确的。若中央政府出台的政策导致收益小于其成本，那将是得不偿失的。

6.2.3 中央政府和消费者之间的博弈分析

1. 假设市场上有 N 个风险中立偏好的消费者,研究的时间范围为($0,\ldots,T$)。消费者在该时间段的策略空间为｛租房，买房｝，并令｛租房，买房｝=$\{0,1\}$。假设每个消费者购买房地产的数量都标准化为 1，并且假定只能买 1 单位的房产。未来的住房价格为 p，并且只有两种状态经济高涨 H 与经济回落 L，则 $g \in \{H,L\}$，过去和现在的房价是公共知识，假定每个消费者在现在认定未来房价是高涨的概率为 u_H。

2. 假设消费者在该时期采用了一个决策，则在该段时间不能采取任何其他行动，而只能在未来 T 时期获得收益。假设买房的连续复利投资收益为 R>0，消费者在 t 时期买房实现的收益 π_τ 为：

$$\pi_\tau=\begin{cases}e^{R(T-t)},g=H\\0,g=L\end{cases}$$

因此，居民在 t 时期买房的期望收益为：

$$E_t(\pi_\tau)=e^{R(T-t)}p（g=H）$$

其中，p（g=H）是消费者认为 T 时期房价高涨的概率。

3. 假定消费者收到关于 T 时期房价的信号 s ∈ {G,B}，G, B 分别表示对未来预期是乐观还是悲观，信息的内容随机地发送到还没收到信息的消费者中。假设消费者的行为完全只受宏观经济基本面影响，受到中央政府政策的影响，并假设先验概率 β[β=P(g=H)] 与经济中消费者所收到的信号能完全体现所有的宏观经济基本面信息 (α=1)，并且 β 是共同知识，这时，在经济处于高涨状态的情况下，居民以概率 1 购房，此时的购房数量是 N；而经济处于萧条状态的情况下，居民以概率 1 选择租房等待，此时的购房数量是 0。而在前面所述的信息不对称的情形下，定义 $p_H=P(n=N|g=H)$, $p_L=P(n=N|g=L)$（其中 n 表示总购房数量）。

4. 每一定时期购房的数量是确定的，令 n_t 为在 t 期新购房的消费者，则信息集 $h_t=(n_0, n_1,…,n_{t-1})$ 表示 t 期前每一时期新购房的人数序列。定义 $h_{it}=(h,s_\tau,r)$ 为消费者 i 在第 r 期收集到的信息集合，$h_{it}=(h_t,0,0)$，表示消费者 i 在 t 期还没有收到信息。

5. 根据消费者收到房地产开发商和其他方面信息的时间将他们分为三类，第一类是已知情者 θ_t^I，在 t 期之前的某个时候 r 收到信息，其信息集合为 $h_{it}=(h_t,s_r,r)$，γ<t；第二是新知情者 θ_t^N，该类消费者在 t 期之初收到信息，其信息集合为 $h_{it}=(h_t,s_t,t)$；第三是未知情者 θ_t^U 该类消费者一直没收到信息，其信息集合为 $h_{it}=(h_t,0,0)$。

6. 消费者 i 在 t 时期的战略和对未来预期是他们各自信息集合 h_{it} 的函数，用 $x_t(h_{it})$ 和 $p_t(h_{it})$ 来表示，其中 $x_t(h_{it})$ 只能取值 0 或者 1，而 $p_t(h_{it})$ 为概率。令 $B_t(h_{it})$ 和 $W_t(h_{it})$ 分别表示消费者 i 在 t 期买房与不买房而持币观望的收益，他们分别满足：

$$B_t(h_{it})=e^{R(T-t)}p_t(h_{it})$$

$$w_t(h_{it})=\sum_{h_{it+1}}u_t(h_{it+1}|h_{it})\max[B_{t+1}(H_{it+1}),W_{t+1}(H_{it+1})]$$

其中，$u_t(h_{it+1}|h_{it})$ 是消费者 i 在 t 期信息集合 h_{it} 条件下 t+1 期信息集 h_{it+1} 的条件分布。

7. 令 $P_G(p)=p(g=H|s=G),P_B(p)=p(g=H|s=B)$，根据贝叶斯法则，得到

$$P_G(p)=\frac{p\alpha}{p\alpha+(1-p)(1-\alpha)}$$

$$P_B(P)=\frac{p(1-\alpha)}{p(1-\alpha)+(1-p)\alpha}$$

令 $P(0)=\mu_H,P(1)=P_G[p(0)]$，$P(2)=P_G[P(1)]$，$\cdots$；$P(-1)=P_B[p(0)],P(-2)=P_B[P(1)]$，$\cdots$。因此，当 k>0，P（k）是居民在拥有 k 个乐观信息的条件下，T 时期的经济状态是 H 的先验概率，由对称性可以得到 $P_G[P_B(p)]=P_B[P_G(p)]=p$。因此，消费者只关心乐观信息与悲观信息数量的差。P(k) 是消费者买房后将要获得正收益的先验概率。

8. 假设 $P(0)e^{R(T-S)}>1,P(-1)e^{RT}<1,e^{RT}p(0)<v_G[P(0)],e^{R(T-1)}P(1)+v_B[P(0)]$，其中，$S<T,V_G(p)=P(s=G|p)=p\alpha+(1-p)(1-\alpha),v_B(p)=p(s=B|p)=p(1-a)+(1-p)\alpha$。

9. 如果先验概率 β 满足假设，那么由 p_H、p_L 的定义，信息集必须具有如下的结构：(1)、(0, 1, 1)、$\cdots$、(0, 1, 0, 1, $\cdots$, 0, 1, 1)。而这些信息集是互斥的并且是相互独立的。所以由全概率公式：

$$p_H=\alpha+(1-\alpha)\alpha^2+(1-\alpha)^2\alpha^3+\cdots+(1-\alpha)^{N-1}\alpha^N=\frac{\alpha-(1-\alpha)^N\alpha^{N+1}}{1-\alpha(1-\alpha)}$$

$$p_L=(1-\alpha)+\alpha(1-\alpha)^2+\alpha^2(1-\alpha)^3+\cdots+\alpha^{N-1}=\frac{(1-\alpha)-\alpha^N(1-\alpha)^{N+1}}{1-\alpha(1-\alpha)}$$

由 $\alpha>1/2$，可以得到 $p_H>p_L$，这说明当经济处于高涨状态下，总的购房数量为 N 的可能性要比当经济处于萧条状态下，总的购房数量是 N 的可能性要大，即消费者的购房行为受宏观经济基本面的影响。

从上面的分析可以看出，消费者消费行为受到中央政府对房地产调控政策信息的影响，这说明当经济处于高涨状态下，总的购房数量要比当经济处于萧条状态下，总的购房数量要大，即消费者的购房行为受宏观经济基本面的影响。

6.2.4 地方政府和开发商之间的博弈

地方政府和开发商之间的博弈主要存在土地交易的环节。

在土地协议转让制度下，寻租现象比较严重。租金是超过机会成本的收入。寻租者拥有该资源的控制权，该权限是由政府行政授予的。为了获得这些资源的使用权，房地产开发商必须支付超过机会成本的费用。

涉及的利益主体是土地使用权的拥有者地方政府代理人和想以地价获取土地资源的需求者开发商。他们之间的关系，是寻租人和设租人之间的合作博弈关系。在我国，存在无意创租、被动创租和主动创租三种寻租模式。只要政府不断干预市场，无意创租的行为就不会完全消失，虽然无意创租在逐渐减少。政府被动创租指受一些利益集团控制，政府制定并实施一些政策和规定，这些政策和规定能给集团带来巨额租金的，这成为利益集团的获取收益的途径。"抽租"是指政府人员主动创租。指政府中的部分行政官员利用其手中掌握的公共权力，主动为自己谋求经济利益的寻租行为，其实质是公共权力的商品化。主要由两种方式，一是官员或者利用行政干预的权力，人为地创造租金来增加、保证某些集团的利润，同时获得利益集团的"进贡"，双方结成钱权交易的联盟；二是官员通过故意刁难和威胁，迫使利益集团割舍出一部分既得利益以求其高抬贵手。政府被动创租是指一些地方政府受开发投资者制约，短期内想出政绩或急于发展经济，就通过低价出让土地或者给出过度优惠倾斜的政策为部分企业提供方便，结果就是造成城市土地资源的严重流失，同时还给城市未来发展留下隐患。主要的原因是巨大的经济利益在起作用，低进高出的土地出让金诱使一部分人利用各种名义瓜分国有土地收益。行政价格与实际市场价格之间的巨额差价既是驱动不少地方政府大量卖地的动力，也是寻租行为产生的温床。

土地使用权的协议出让表现为三个方面：个人和企业围绕政府的寻租产生的竞争，他们竞相贿赂政府官员，以使对方以低价将土地划拨给自己。各类房地产开发企业发现如果某一块地能以协议出让价拿到手，要比公开拍卖便宜得多，转售就可以赚很多钱，但是为了得到这块土地就必须给主管批租土地官员以"好处费"，并且要高于其他竞争对手才能保证拿到土地，企业或者个人就会花费时间和精力在搞"关系"上，以获得额外的收益；接受贿赂的官员，为了稳定自己的职位，与自己的任命者又进行一层寻租交易。主管批租的职位可以获得额外的收益，这个情况被其他的官员所洞察，他们认识到寻租机会，将自己寻来的租拿一部分给主管其任免的官员，以保证以后可以继续寻租，其他官员也会贿赂人事主管，来得到这个好职位；围绕政府的寻租收入，各个集团又展开一轮利益瓜分机制。当政府出让土地的收入成为地方财政的重要来源时，各个政府部门都会力争将征收权抓到自己手中。这些部门包括土地规划部门、财政部门、税务部门、工商部门、街道办、城管部门等，地租就被各类各级机关分配了，而真正体现在财政上的只是很小一部分。

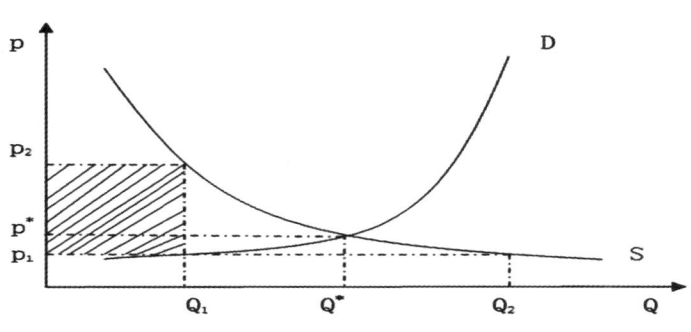

图 6-2　土地协议出让寻租活动

S 为土地资源的市场供给线，D 为市场需求线，土地是稀缺资源，其供给弹性极小，政府可以在很大程度上控制价格，而协议出让的结果是土地供给价格的人为降低。假设市场均衡时土地供给量和地价分别为 Q^*、p^*，协议出让后地价降到 P_1，则供给量为 Q_2，此时土地需求者乐于出价买地，市场呈现土地供给缺口为 Q_2-Q_1，反映到市场上的需求为需求旺盛，炒地风大盛。市场价格 P_2 比实际供给价格 P_1 要高得多，这时可以产生相当于阴影面积的经济租，各种市场主体开展寻租的竞争活动。

从以上分析可知，土地协议出让会诱发地方政府代理人与房地产开发商之间的寻租行为，使政府损失大量的土地出让金，对房地产开发商来说也欠公平，不是一种好的土地使用权出让方式。所以直到 2004 年 8 月 31 日，国土资源部、国家监察委员会联合下发了《关于继续开展经营性土地使用权招标拍卖挂牌出让情况执法监察工作的通知》，要求从即日起就"开展经营性土地使用权招标拍卖挂牌出让情况"进行全国范围内的执法监察，各地须在 2004 年 8 月 31 日前将历史遗留问题处理完毕。招拍挂成为土地出让的主要方式，其中拍卖是主要的方式。

在信息不对称的情况下，拍卖是迫使私人显示其信息的有效方式，它有助于揭示信息和减少代理成本，有助于减少购买者和卖者之间损害委托人的合谋和寻租行为。土地拍卖中的参与人有一个卖地者地方政府代理人和多个竞买者房地产开发商。

首先政府确定被出让土地的基础价格 J_0，投标人在此基础上出价，假设有 n 个投标者，每个投标者对土地都有一个评价，k_i 是第 i 个投标者的私人评估价值。且只有投标人自己知道，相互独立。p_i 是第 i 个投标者的报价，若其中标则净收益为（P_i-k_i），否则效用为 0。假设所有投标人的开发方案均符合政府用地要求，规则是报价最高者获得土地使用权。因此第 i 个房地产开发商的支付为：

$$W_i(P_i, P_j, k_i)=\begin{cases}(J_i-P_i) & \text{if } P_i \geq P_j \\ 0 & \text{if } p_i < p_j\end{cases}$$

其中，i, j=1, 2, …, n 且 j≠i

投标人 i 的报价 P_i 为其私下评估价值 k_i 的递增函数。假设参与人具有对称性，则每个投标人的最优策略函数是一样的，只是他们的私人价值不同。私下评估价值较大的投标人其最优报价将严格大于私下评估价值较小的投标人最优报价。因为博弈是对称的，只需要考虑对称的均衡报价战略 $P=P^*(k)$ 设第 i 个拍卖人的报价可以从 $\underline{p}$ 到 $\overline{p}$，那么他的策略集合 S 可以表示为 $(\underline{p}, \overline{p})$，所有 n 个投标人的策略空间可表示为 $S=(S_1, S_2\cdots S_n)$。招标人的策略为在满足 $P_i>k_0$ 条件下，选择报价为 $max(p_i>k_0)$ 的投标人。

该博弈为不完全信息静态博弈。给定投标人 I 的个人估计价值 J_i 和报价 p_i，则其期望支付函数为：

$$w_i=(K-P)\prod_{j\neq i}Prob(p_j<p)=(K-P)\emptyset^{(n-1)}(p)$$

最优化一阶条件为：

$$-\emptyset^{n-1}(p)+(k-p)(n-1)\emptyset^{n-2}(p)\emptyset(p)=0$$

在均衡情况下 $\emptyset(p)=k$，一阶条件可以写成：

$$-\emptyset(p)+(\emptyset(p)-p)(n-1)\emptyset'(p)=0$$

解上式可以得到：

$$p^*(j)=\frac{n-1}{n}p$$

上式表明该博弈的贝叶斯均衡为每个投标人的报价 P_i 与人数 N 和其私下评估的价值 k_i 密切相关。K_i 随着 n 的增加而增加。特别地，当 n→∞ 时，p^*→k。参与投标的房地产开发商越多，政府所获得的土地出让金就越多。拍卖手段可以使土地交易价格不断上涨，从而推动房价的不断上升，地方政府可以获得更多的收益，可以为地方政府解决财政问题。在实际情况中，有可能出现投标人相互之间的串通，从而使拍卖并不公平，或者投标人仍然向地方政府官员权力寻租，使拍卖过程不公平。但是相比较而言，土地拍卖比协议出让更能体现土地的市场价值。有利于房地产土地市场化，寻租的机会相对较少。但是并不能完全规避权力寻租行为产生。在土地招拍挂的过程中，并不能做到完全的公开、透明和公平。土地提供方可以采取如下方式来制约谁能获得土地：

土地拍卖之前政府设定土地的将来用途比如发展金融区域，或者竞标企业的注册资质等让大多数企业无法满足设定条件，从而无法参与投标。特定的引资对象可以轻易中标。使得招拍挂成权力寻租的牺牲品，回避了市场的公平竞争，让公开的投标为不公平做了掩护。地方政府可以与特定的开发商事先协商中标的条件，并承诺由这家开发商来进行特定的方案设计、用审定的方案设计进行投标。这样就给了这个特定的企业争取时间对土地进行勘测，进行施工图设计等前期的准备。设定评分标准的障碍。当土地上不能设置障碍时，政府可以灵活地对评标条件设定不同的评分比重，以使竞标条件更有利于预先设定的中标企业，用倾斜性的评分政策来对抗公平。许多竞标条件中，为满足一级开发企业或原有土地方的要求，也会设置回迁房建设、还建面积、位置、商品类型上的障碍。

土地竞拍是完全市场化行为，在这个过程中市场部分实现了效率，但是却引起房价高涨，越来越多的人买不起房，有失社会公平。土地供给的不足无疑是制约房地产发展的一个重要的瓶颈，在城市化飞速发展的今天，城市周边的土地越来越少，加上我国执行为保障人口吃饭问题坚守"18 亿亩"红线，更是令土地越来越紧缺。如何解决这个问题成为当前的重大难题。土地流转成为当前解决土地问题的一个出路，但是土地是农民唯一的保障，不能强迫农民流转土地，从而形成社会不公平。只有尽快形成公平、明确、稳定的物权划分和公正、公开的交易规则，完善农地的财产权利性质和使用权交易规则，才能实施土地流转。

6.2.5 消费者和开发商之间的博弈

消费者与开发商之间的博弈行为是房地产市场中最根本的博弈行为。同时消费者和开发商之间存在严重的信息不对称，消费者处于信息劣势，而开发商处于信息优势状态。表现在消费者对产品信息的获得只能通过开发商对产品说明，沙盘和样板房情况，无法知道房屋以后的真实情况，在签订法律协议之时，开发商有专门的法律事务处理团队或者专门人员，只能制定出不违反法律同时又对他们有利的法律条款，而一般的消费者都不具备这方面的知识。对未来物业管理服务情况，消费者更是无法知道。

房地产商品主要可以满足消费者的两类需求：第一，是基本的居住需求；第二，是投资需求。对于居住需求来说，是刚性需求，受市场波动较小。同时，随着收入（包括实际的或预期的）水平的提高，改善居住条件的需求会得到加强。而对于投资需求来说，则更具有弹性，受投资市场的其他投资替代品的影响较大。而对于开发商而言，房地产商品是其利润的主要来源。下面就开发商和消费者之间的博弈建立模型，并进行分析。

1. 假设市场上有 N 个风险中立偏好的消费者，研究的时间范围为 $(0, \cdots, T)$。消费者在该时间段的策略空间为 {租房，买房}，并令 {租房，买房} = {0, 1}。假设每个消费者购买房地产的数量都标准化为 1，并且假定只能买 1 单位的房产。未来的住房价格为 p，并且只有两种状态高涨 H 与降低 L，则 $g \in \{H, L\}$，过去和现在的房价是公共知识，假定每个消费者在现在认定未来房价是高涨的概率为 u_H。

2. 假设消费者在该时期采用了一个决策，则在该段时间不能采取任何其他行动，而只能在未来 T 时期获得收益。假设买房的连续复利投资收益为 R>0，消费者在 t 时期买房实现的收益 π_τ 为：

$$\pi_\tau = \begin{cases} e^{R(T-t)}, g=H \\ 0, g=L \end{cases}$$

因此，居民在 t 时期买房的期望收益为：

$$E_t(\pi_\tau) = e^{R(T-t)} p \ (g=H)$$

其中，p（g=H）是消费者认为 T 时期房价高涨的概率。

3. 假定消费者收到关于 T 时期房价的信号 $s \in \{G, B\}$，G，B 分别表示对未来预期是乐观还是悲观，信息的内容随即发送到还没收到信息的消费者中。

4. 房地产开发商通过一定的手段可以影响消费者对未来房价的预期，假定其影响力为 α，是信息对真实状态反应的测速，假定 $\frac{1}{2} < \alpha < 1$，以表示信息能够体现真实的状况，但是存在一定程度的偏差。

5. 每一定时期购房的数量是确定的，令 n_t 为在 t 期新购房的消费者，则信息集 $h_t = (n_0, n_1 \ldots, n_{t-1})$ 表示 t 期前每一时期新购房的人数序列。定义 $h_{it} = (h, s_r, r)$ 为消费者 i 在第 r 期收集到的信息集合，$h_{it} = (h_t, 0, 0)$，表示消费者 i 在 t 期还没有收到信息。

6. 根据消费者收到房地产开发商和其他方面信息的时间将他们分为三类，第一类是已知情者 θ_t^I，在 t 期之前的某个时候 r 收到信息，其信息集合为 $h_{it} = (h_t, s_r, r)$，$\gamma < t$；第二是新知情者 θ_t^N，该类消费者在 t 期之初收到信息，其信息集合为 $h_{it} = (h_t, s_r, t)$；第三是未知情者 θ_t^U，该类消费者一直没收到信息，其信息集合为 $h_{it} = (h_t, 0, 0)$。

7. 消费者 i 在 t 时期的战略和对未来预期是他们各自信息集合 h_{it} 的函数，用 $x_t(h_{it})$ 和 $p_t(h_{it})$ 来表示，其中 $x_t(h_{it})$ 智能取值 0 或者 1，而 $p_t(h_{it})$ 为概率。令 $B_t(h_{it})$ 和 $W_t(h_{it})$ 分别表示消费者 i 在 t 期买房与不买房而持币观望的收益，他们分别满足：

$$B_t(h_{it}) = e^{R(T-t)} p_t(h_{it})$$

$$w_t(h_{it}) = \sum_{h_{it+1}} u_t(h_{it+1} | h_{it}) \max[B_{t+1}(H_{it+1}), W_{t+1}(h_{it+1})]$$

其中，$u_t(h_{it+1} | h_{it})$ 是消费者 i 在其 t 期信息集合 h_{it} 条件下 t+1 期信息集 h_{it+1} 的条件分布。

8. 令 $P_G(p) = p(g=H | s=G)$，$P_B(p) = p(g=H | s=B)$，根据贝叶斯法则，得到：

$$P_G(p) = \frac{p\alpha}{p\alpha + (1-p)(1-\alpha)}$$

$$P_B(P) = \frac{p(1-\alpha)}{p(1-\alpha) + (1-p)\alpha}$$

令 $P(0) = \mu_H, P(1) = P_G[p(0)]$，$P(2) = P_G[p(1)], \cdots$；$P(-1) = P_B[p(0)]$，P(-

2)=$P_B[p(-1)]$，…。因此，当 $k>0$，$P（k）$ 是居民在拥有 k 个乐观信息的条件下，T 时期的经济状态是 H 的先验概率，由对称性可以得到 $P_G[P_B(p)]=P_B[P_G(p)]=p$。因此，消费者只关心乐观信息与悲观信息数量的差。P(k) 是消费者买房后将要获得正收益的先验概率。

9. 假设 $P(0)e^{R(T-S)}>1$，$P(-1)e^{RT}<1$，$e^{RT}p(0)<v_G[P(0)]$，$e^{R(T-1)}P(1)+v_B[P(0)]$，其中，$S<T$，$V_G(p)=P(s=G|p)=p\alpha+(1-p)(1-\alpha)$，$v_B(p)=p(s=B|p)=p(1-a)+(1-p)\alpha$。

第一个式子说明，在 T 时期，消费者在先验概率 p(0) 下，买房是最好选择；第二个式子则说明，在 T 时期，居民在先验概率 p(-1) 下，租房是最好选择；对于第三个式子，则可以得到 $e^{R(T-t)}P（0）<v_G[P(0)]e^{R(T-t-1)}P(1)+V_B[P(0)]$，在先验概率 P(0) 下，在 t 期间，租房策略是买房策略的严格占有策略。

在 0 期之初，如果某消费者是新近收到开发商对于市场的消息，如果收到的信息是乐观的则消费者选择买房，否则租房。其他未知情者等待。如果 $n_0>0$，未知情者将会推断出 0 期的信息还是乐观的，这样他们的信念将上升到 p(1)，并做出买房的决策；新知情者在第 1 期做出买房的决策而不管其实际收到什么类型的信号，这样就产生了参与人不是根据自己的信息集合而是依据其他参与人的行为来选择自己的行动，从而导致意见和行动具有传染性。同样，如果 $n_0=0$，则不知情者在第 0 期做出的信息是悲观的，其先验概率下降到了 p(-1)，他们都选择租房等待；如果新知情者在第 1 期之初所收到的信号是乐观的，他们将选择购房，否则租房等待。在第 2 期，如果 $n_0=n_1=0$，则未知情者的先验概率下降到 P(-2)，因而 $\forall t\geq 2$，$n_t=0$，这样就出现了不购房投资的羊群行为。

从以上模型可以看出，开发商释放的消息能够影响到消费者购房的行动，最典型的例子就是"日光盘"。开发商故意限量推出房源以缩小供应量，造成供不应求的局面，当日开盘的少量房源就被抢空，给消费者以房价会越来越高，供不应求的错觉。消费者又担心房价上涨过快，所以纷纷购房，使得真正供不应求的局面出现。

◎ 6.3 小 结

房地产市场中消费者和开发商的博弈分析说明消费者对未来房地产市场的判断要受到房地产开发商所释放信息的影响。从而很好地解释了现实中"日光盘"的现象,同时也说明消费者要有自己独立的判断,才能不受到开发商的影响。

从房地产开发商和地方政府之间的博弈可以得出,拍卖手段可以使土地交易价格不断上涨,从而推动房价的不断上升,地方政府可以获得更多的收益,可以为地方政府解决财政问题。在实际情况中,有可能出现投标人相互之间的串通,从而使拍卖并不公平,或者投标人仍然向地方政府官员权力寻租,使拍卖过程不公平。但是相比较而言,土地拍卖比协议出让更能体现土地的市场价值。有利于房地产土地市场化,寻租的机会相对较少。但是并不能完全规避权力寻租行为产生。在土地招拍挂的过程中,并不能做到完全的公开、透明和公平。

通过分析房地产开发商和中央政府直接的博弈分析可以得出,制定政策来引导房价走势的做法并不能完全起到作用。中央政府无法获得足够多的信息来精确地调整每一时刻的市场走向,而且在分离均衡中,中央政府需要在房地产商的决策之后才能够得出自己的效用函数从而判断自己的决定是否正确。因而不宜由中央政府来主导市场的走向。由于中央政府自身效用函数的作用,中央政府出台的政策必须考虑其收益与成本之比,只有在中央政府出台的政策所带来的预期收益大于其成本时,才能达到均衡状态,才是明智的。若中央政府出台的政策导致收益小于其成本,那将是得不偿失的。

从中央政府与地方政府之间的博弈得出:当中央政府与地方政府目标一致时,地方政府会支持中央政府的行为,而不一致的时候,地方政府就会采取不尽力执行或者根本不执行政策,因为中央政府对地方政府是否执行政策的监督成本很高,由于信息不对称,地方政府会尽力掩盖自己的行为。

从消费者和中央政府的博弈分析可以看出,消费者消费行为受到中央政府对房地产调控政策信息的影响,这说明当经济处于高涨状态下,总的购房数量要比当经济处于萧条状态下,总的购房数量要大,即消费者的购房行为受宏观经济基本面的影响。

第7章 发达国家房地产调控措施

因为房地产既具有保障居民住房条件又具有发展经济的作用，不同的国家对房地产业的调控政策和方法也存在明显的差异。有的国家的房地产市场发展经历了很长的时间，市场相对成熟，政府调控手段更加灵活。其中，英国、德国、法国是欧洲较老的资本主义发达国家，大多将住房作为一项福利制度给居民以保障，其房价保持稳定并没有大起大落。新加坡以良好的住房制度在世界上闻名，特别是其"公积金"制度，韩国作为亚洲国家，它的房地产市场与我国的房地产市场发展过程相似，具有一定的借鉴意义。美国、日本都是经历了房地产泡沫破裂的国家，从这些国家实行的房地产政策以及房地产泡沫破裂前后可以给我们国家以警诫和启示。

◎ 7.1 欧洲福利制度国家

7.1.1 英国

英国的房价从 1991 年到 2010 年的变化较大，1991 年到 2002 年是逐渐上升趋势，2002 年比 1991 年上涨了 40%，之后呈下降趋势，到 2008 年下降了45%，达到历史最低水平，之后又直线上升。各个地区的房价都不一样，伦敦地区 2000 年房地产的平均价格为 148000 英镑，威尔士和苏格兰地区的只要60000 英镑，到 2007 年之前房价都呈缓慢上升趋势，2007 年一年上涨较大，达到历史最高点，伦敦为 300000 英镑，北爱尔兰为 225000 英镑。中央利率与全国 GDP 增长趋势接近，英国房价的上升是与快速扩张的抵押信贷市场分不开的。住房短缺现象严重，整个英国租金回报率上升，但是伦敦除外，预计 2012年奥运会就给伦敦带来新的机会[①]。英国发展较早，城市较为成熟，房地产业

---

① 数据来源：http://www.globalpropertyguide.com/Europe/United-Kingdom/Price-History

主要是房屋出租、二手房买卖、房产中介、房地产金融服务和房屋改建为主，这些业务提供了很多就业，创造了价值，在房地产市场进行投资的主要是保险公司和退休基金等[①]。

相比其他资本主义发达国家，英国是第一个发展福利制度的国家，因此英国首先产生住房问题，英国政府最早干预房地产市场。英国倡导住房福利全公民覆盖，提供住房福利的责任由国家承担[②]。制定了各种法律政策来为住房和租赁提供法律依据，比如《住宅法》《住宅与建房控制法》等。英国的物业管理进入门槛低，完全由市场来调控[③]。

1. 住房多层次体系

英国的住房政策是分层次的，不同的住房需求有不同的政策来支持，鼓励居民购房消费。现在居民中有 70% 拥有自有住房产权，30% 居民租赁住房，在租房群体中 20% 是租住当地政府的公共租赁住房，10% 是租住私人房屋[④]。政府出台政策支持居民购买自有住房，对在限额内且是购买第一套住宅的居民，降低或者去除住房抵押贷款所需要支付的税收，抵押贷款是英国居民购房时的主要资金来源，有四分之三的住房通过抵押贷款购得。英国的房地产抵押制度历史悠久，形式灵活，充分发展了抵押双方的权利义务关系，有效地追求了公平[⑤]。如果申请者在还贷期间失业无力还贷，银行还给予一定期限还款，且在该期限只需付息。对收入较低，年龄较轻的购房者由地方政府提供固定利率的贷款。对租住私人住房的居民采取现金津贴的办法，按照事先确立的"公平租金"和住户的家庭收入确定津贴数额，支付给房东。对租用公共住房的住户，实行较低的租金，确定住户的收入水平，如果低于该标准，则增加相应的住房福利。同时也推行公房出售计划，对租住公房的居民实施"优先购买权"。此外，通过城市规划体系，英国来实现发展低价房，政府要求新建房地产项目必须有

①周义 . 英国的房地产市场与住房政策及其启示 [J]. 学术研究，2003,6:37-39.

②胡福光 . 福利国家住房保障体制研究综述 [J]. 劳动保障世界，2010,1:26-28.

③宋如萍，王淑琴 . 英国房地产物业管理现状及对我们的启示 [J]. 北京物价，2002,12:36-37.

④潘臻肇 . 英国住房政策对发展我国住房租赁市场的启示 [J]. 武汉建设，2010,1:18-19.

⑤曹培 . 英国的房地产抵押制度 [J]. 中外房地产导报，1994,4:35.

一定的低价格居民住房，该比例最低在 15%，最高在 50%。重视建筑循环利用，不轻易拆除房屋，并按照集中分类，统一管理原则建立详细的房地产档案，档案有：大宅邸文件、土地所有权、遗嘱及财产授予文书、法律诉讼记录、房地产经营、家庭文件等[①]。同时不因为发展房地产而破坏文物古迹，使历史建筑遗产得到有效保护。主要通过立法的形式，使政府的政策有法律作为保障，政策实施有法可依。开发商必须遵守对古建筑、古遗迹保护的规定，如果违法，将受到严重的处罚[②]。

2. 土地制度

英国的土地持有机构并不出售土地所有权，而是将土地租赁给开发商，租期一到，土地和建筑都将无偿归土地所有者所有。租赁的方式有出让制、固定地租年租制、变动地租年租制、出让年租混合制。出让制是土地所有者一次收取所有租金。固定地租是以年为单位收取租金，在租赁期内不调整；变动地租是在租赁期内定期调整；混合制是先收取一部分租金，剩下的按照年来收取，同时可以调整租金。政府对风险较大的项目一般通过土地租赁方式，在建设期不收租金，建好之后再按照协议收租。

3. 房地产税

英国的房地产税包括所得税、房屋税、遗产与赠予税、资本利得税等项目。个人所得税主要为个人从国内土地和建筑物的收入，同时将房地产转让中的增值收益单独分离出来征收。法人税是对房地产经营的利润和投资收入征收税。住房财产税主要对楼房、平房、公寓以及出租的房屋征税。对不用于住宅的房屋征收营业房屋税，对遗产或者赠予的房屋征收遗产赠予税。

英国有完善的房地产税法体系及健全的评估制度来保障房地产税制卓有成效。地方政府定期对应税住宅的价值进行评估和分级，将应税住宅的价值高低分为 8 个等级，根据不同级别来分别实施不同纳税标准。房地产税制有利于实现资源配置效应，充分发挥经济杠杆作用，促进房地产发展。税收政策重保有轻流转，鼓励了房地产的流动，刺激了土地供给。

---

①刘家真. 英国房地产档案 [J]. 贵州档案 1993,2:28-29.
②江涛. 英国房地产开发中的古建筑与古迹保护 [J]. 外国经济与管理，1996,11:44-46.

4. 政策评价

多层次的房地产供给体系，使不同层次住房需求都能得到满足，政府对低收入人的住房补贴以及利率的倾斜来保障低收入人群的住房需求，鼓励居民购买房地产的政策使英国的居民拥有自身住房的比率较高。灵活的土地租赁方式降低了房地产开发的风险。完善的房地产评估制度及税收制度鼓励了房地产的流动，促进了房地产市场的发展。

5. 借 鉴

对不同的住房群体进行划分，满足不同层次的住房需求，高收入者由市场来解决，中低收入者由政府来保障。改变城市规划体系的设计，从一开始就重视保障住房的建设。重视对历史文化建筑遗产的保护。完善税收法制，健全房地产评估制度，合理划分中央和地方政府的房地产税收管理权限，扩大税基，优化房地产税制结构，在税制建设中更加注重效率，同时兼顾公平。

7.1.2 法国

法国房地产市场从 1997 年到 2007 年持续繁荣，公寓价格以每年两位数字上升。低利率使房价从 2001 到 2006 年上升，在 2004 年达到一个顶点，2007年后期价格暂停增长。从 2008 年底开始，受到世界经济的普遍影响，法国房价上涨趋势开始趋缓，剔除通胀因素，房屋实际价格在 2008 年下降 11.52%。法国在 2008 年经济仅增长 0.3%，在 2009 年萎缩 2.19%。整体来说，法国住宅平均价格每年只增长 0.6%。到 2010 年第三季度，公寓价格每年增长 0.2% 达到了 2956 欧元每平方米。2010 年上半年，新房销量同比萎缩 30% 以上，其中第二季度新房销量同比锐减 33.9%。法国新房的存量房到 2010 年 6 月 30 日达到了近 30 年来的最高点。新房的销售周期原来 8 个半月，现在变为 15 个月。2007 年 8 月至 2008 年 7 月，新房销售周期比原来延长较多。法国新开工房屋套数仅为 40 万套，与去年同期相比下降了 6.6%。政府对房屋建筑许可证的发放数量不足 50 万套，与之前相比下降了 12.6%。房屋建筑许可证发放数量和房屋开工数量同比降幅均达 10% 左右。根据全国房地产商联合会的统计，2004至 2006 年，法国租房价格差不多每年上涨 3.7%，这一涨幅到 2007 年开始趋缓，为 0.9%。从 2010 年前两个季度的数字来看，租房价格基本稳定了，只是到 6 月底出现短暂上扬。二居室公寓依然很抢手，租价一年差不多涨 2%，但其他大小的公寓年涨价幅度平均低于 1.5%。独立住房市场，五分之一为租赁，涨幅差不多在 0.9% 至 3.5% 之间。与售房相同，法国地域间的租价上涨幅度也不一样。巴黎和东南地区的涨幅差不多在 3% 以内，而其他地方则相对稳定[①]。

　　法国的房地产发展可以追溯到 19 世纪的法国大革命时期，在 19 世纪法国建造了接近 1000 万套住房，并出现了新的金融工具，每年有 1600 栋不动产在房地产中心加以拍卖。1894 年，法国通过了廉租住房法律，1948 年颁布了保护承租人合法权利的法律，1950 年起，法国把住宅建设作为发展经济的重要手段。1966 年，信贷机构和银行参与房地产开发融资。通过贷款优先、财政对贷款利息贴息，税收优惠来支持房地产市场，完善了住房市场的法律法规。为保障低收入者的住房问题，制定了住房补贴制度和个人住房政策[②]。

　　1. 房地产税收

　　法国房地产税收主要有资本税和地方税。资本税又包括财产转移税、财产升值税和巨富税。财产转移税是在房地产交易、赠予和继承行为中征收的税，且税率差异较大。财产升值税是对房地产价值的升值而缴纳的税费。当个人拥有房地产超过一定额度时候，就要缴纳巨富税。在法国，地方税主要归地方政府所有，包括建筑地产税，即根据拥有房产的出租价值计算的税；居住税，根据出租的价值、面积和个人收入情况所征收的税；垃圾清理税，由住户提供的税。政府鼓励自住型购房，抑制投机或投资型住房交易，对卖主的第一套住宅且居住够一定期限，卖主总资产在一定数量之下，因为工作变动的原因而出卖住房进行住房交易的卖主减少交易环节征税。对于继承或者赠予的住房，政府按照累进制税率来征税，价值越高，所需缴纳的转让税就越多。为防止偷税漏税行为，政府部门在检查住房销售过程如果发现价格低于市场价值，就可以有优先购买的权利，同时为了防止政府部门滥用该权利，卖主又可以得到 10% 的优先购买补贴[③]。

---

①数据来源：http://www.globalpropertyguide.com/Europe/Finland/Price-History.

②吴文君．法国房地产市场的历史及现状 [J]．中国房地产，2008,6:79-80.

③张睿．法国的房地产税收及其借鉴 [J]．中国房地产,2007,3:79-80.

2. 廉租房制度

法国很早就建立了廉租住房制度，该制度规定各大城市必须建占住房总面积 15% 到 20% 的廉租房。且廉租房在建造过程中可以得到中央政府的补贴。廉租房的来源有两类：一类是国家住房管理局，另一类是股份有限公司和住房信贷公司等。国家和企业是廉租房资金的主要来源。从 1954 年起，政府用法律的形式规定从所有企业职工工资中抽出百分之一作为廉租房的建设资金来源。

廉租房由"廉租房管理办公室"和企业通过各住房委员会来执行租赁分配。省政府房管处拥有 30% 的配额，市镇政府房管处拥有 25% 的配额，剩下的属于各行业住房委员会。他们来严格审查申请者的资格，确保廉租房是给真正需要的人。廉租房优先照顾以下人群：由于城市建设而需要搬迁的家庭，有特殊苦难的家庭，由于到新工作岗位就业需要搬迁的家庭。廉租房只租不售，廉租房的平均租赁期限为 9 年。只要符合条件，住户可以不断续约。低收入家庭都是首先考虑申请廉租房，这就减少了住房市场的买方人数[1]。除了廉租住房制度，法国还对住房实行补贴政策。住房补贴有两种：第一种是对家庭的补贴。补助对象为已享受若干家庭补助的家庭、无孩子的年轻夫妇、单亲家庭和家中有老人或者残疾人的家庭；第二种是对个人的补助，对象为刚参加工作不满 25 岁的年轻人或者年龄超过 65 岁的老年人以及丧失工作能力的残疾人[2]。

3. 金融制度

鉴于法国较长的住房市场发展历史，其住房金融体系已经逐渐地市场化。住房私有化补助贷款主要是面向中等收入的家庭，政府直接提供利息补贴。还有政府强制雇主缴纳的 1% 基金计划的补贴抵押贷款，最大补贴抵押贷款是政府提供补贴的住房储蓄计划和面向中高收入家庭的住房储蓄账户计划[3]。

4. 政策评价

法国的累进制房地产税收制度追求了公平，抑制暴富、投资和投机性住房。

---

①陈俊侠 . 法国：廉租房政策是最有效的手段 [J]. 中国地产市场 ,2006,7:61.

②施庆宁 . 法国的住房政策及其措施 [J]. 全球科技经济瞭望 ,1989,3:38-40.

③张其光 . 法国的住房抵押贷款 [J]. 中国房地产金融 ,1999,4:39-43.

廉租住房制度和住房补贴为低收入家庭住房提供了保障。住房金融发展为房地产的发展提供了有效的资金来源。

5. 借 鉴

廉租房制度对保障低收入人群的住房发挥了重要的作用，但是要注意廉租房的分配权力给予的问题。房地产税收并非越简单越好，税收政策应该充分考虑各种因素，保障住房长期拥有人的权利，通过税收来打击炒房。对只购买而不居住的房屋征收房屋居住税和地皮税，严格税收的透明性。

7.1.3 德 国

德国房价波动不大，从 2006 年到 2008 年年中呈下降趋势，下降了 6%。到 2009 年增长了 3%，2009 年年中又下降 4%。公寓平均价格从 2005 年到 2008 年波动不大，2005 年第四季度为 16 万欧元，2009 年下降到 13 万欧元。新房的平均价格为 25 万欧元，从 2005 年开始呈上升趋势，2005 年为 20 万欧元，2009 年为 24 万欧元。德国的租房率很高，1990 年租房占到房地产市场的58%，2004 年为 55%，租房率堪称世界第一。1990 年新房租赁价格为 6.5 欧元每平方米，2008 年上涨到 7.5 欧元每平方米，在 1994 年达到一个高点为 8.5欧元每平方米[1]。总的来说价格波动不大，这些都与德国政府的住房制度有关。

1. 金融政策

德国的住房储蓄制度始于 1931 年成立的德国住房储蓄银行，现在已有多家银行从事该项业务[2]。该银行体系具有为政府政策目标服务的职责，并享有政府的多项优惠。专门银行只办理住房储蓄融资，存款和贷款利率不受外界资本市场利率的影响。该制度的特点是，先存后贷，居民自愿参加储蓄，只有储蓄达到所需贷款额的 40% ～ 50%，并参加储蓄至少 2 年以上，才有贷款资格，银行并对贷款人资金进行评估，方法是根据储蓄者的资金积累状况和对住房储蓄的贡献。贷款时，储户要和银行签订合同，按月存款到合同固定金额的一半

---

① rttyguide.com/Europe/Germany/Country-Statistics.

② 施江霞译. 德国住房储蓄制度浅析 [J]. 中国房地产金融，1994,2:43-45.

时，就可以获得全部金额，同时获得的贷款只能用于购建和维修住房①。政府对年收入低于一定界限的人群给予额外的 10% 奖励来刺激个人住房投资，同时该政策对不同需求的储户，采用不同的政策鼓励方法。购房者并不能从一家金融机构获得所需要的全部贷款，住房储蓄银行只提供 10% ～ 20% 的购房贷款，其余要来自抵押银行。抵押银行是德国最大的房地产贷款商集团，他们主要发放长期贷款，住宅贷款占到总量的 50%，其 60% 的资金是由发行债券筹集②。抵押债券利率较低，但是形式灵活，并有保险公司进行保险，所以销售情况良好。抵押贷款期限一般为 20 ～ 25 年，贷款利率前 5 年不变，后双方协商。抵押银行的住宅贷款占德国所有住宅贷款的比例约为 40%。

2. 租房制度

德国的租房率很高，但是租房的价格并不是完全由市场决定的，而是实行政府指导价格③。各地区的住房管理部门与房客协会、房租中介机构定期根据当地的情况绘制价格图。该价格图详细列出不同类型和不同地理位置的合理租房价格，如果违反该价格，租房人可以上报法庭。同时严格规定房租的上限，房东不得将房租提高到超出 "合理房租" 的 20%。如果房东收的房租超出了规定的价格，将受到严厉的惩罚。超过 20%，将受到高额的罚款，如果超过50%，将构成犯罪，甚至被判有期徒刑。同时房东不可以随便涨房租，三年内涨价超过 20% 就构成违法。为了保证低收入家庭的住房问题，德国政府大力建造了廉租住房，租金只是市场的 1/2 到 2/3。为了保证廉租房房源，政府鼓励私人和单位投资群体成立合作社参与合作建房。对合作社提供低息贷款，合理价格的土地，减少所得税、财产税、土地转移税和交易税，并对合作社进行租金补贴。合作社建设的房屋只能用于出租，开发商在进行房地产开发时，必须有一定比例的住房专门给低收入人群。

3. 该政策的评价

吸收了个人的资金，减缓了短期货币市场对通货膨胀的影响，同时使存款

---

①谢家瑾 . 借鉴德国住房储蓄经验，完善我国住房融资体系 [J]. 住宅科技 ,1997，4：30-34.

②刘敢庭 . 德国的住房金融体制 [J]. 改革纵横，1998,3:46.

③孙亮亮 . 德国租房制度对我国的启示 [J]. 企业导报，2010,8:265-266.

人的权利和义务对等，降低了信用风险，减少了国家用于住宅投资的拨款，抑制通货膨胀①，政策性银行与商业银行相结合，分散了抵押信贷的风险，居民在政策引导下促进了住房市场的发展。

个人住房抵押信贷服务的金融机构具有独立的法人地位，有利于形成有效的约束机制和激励机制，有利于所有者、董事会和高级经营者之间建立起制衡关系，有利于投资主体多元化，增强资本实力和扩大经营范围。租房制度保障处于弱势的租房人的合法权益，保证租房价格，规范租房市场，详细规定租房双方的权利和责任。

4. 借 鉴

中国的住房公积金制度是带有强制性的储蓄，用途主要是住房买卖，由之前的仅仅能贷款买房放宽到缴纳房租，但是绝大多数用户是用住房公积金进行贷款，来享受较低贷款利率政策。相比其他社会基金，住房公积金基金收益较少，没有有效开拓投资途径。同时强制储蓄也有违公平，没有能力从公积金中取得贷款的人，往往是中低收入者，很多单位因为经济效益差，或者是个体或者私营企业主不在公积金覆盖范围就没有资格缴纳住房公积金。同时住房公积金管理机构定位不准，既不是政府机构也不是具有真正偿债能力并担当风险的企业法人，无风险约束机制。低存低贷对借款者是一种奖励，对储蓄者却没有任何奖励，加剧了收入分配不公，没有体现住房储蓄互助原则，没有有效的资金来源以及封闭管理模式，使得资金缺口出现。

◎ 7.2 美洲代表国家

7.2.1 美 国

美国国民经济高居全球第一，是世界上最发达的国家，其在全球政治、经济、军事、娱乐等众多领域有很大的影响力。从 1991 年到现在，美国的房地产价格变化趋势基本呈倒 u 形状。从 1991 年到 2005 年价格都呈上涨趋势，上涨了 12%，从 2005 年到 2008 年，因为次贷危机的影响，房价直线下降，下降

---

①孙晓圣 . 德国住房储蓄制度及其对中国的启示 [J]. 北京房地产，1996,8:38-40.

了 17%，之后又呈上升趋势。至于 2008 年是否是价格的最低点，要看房地产未来的发展趋势。现在，政府在房地产市场注入了新的资金。美国的租房市场疲软，失业率居高不下①。

住房与城市发展部是美国专门负责住房管理的部门，该部门下设置了职责是帮助中、低收入家庭解决住房问题的公众住房局和联邦住房管理局。

1. 土地政策

美国是土地私有制国家，私人拥有约 58%，联邦政府拥有陆地面积的 28%，州、县、市拥有 12%，印第安人托管 2%。美国的土地大部分是私人所有，土地交易市场化，由市场来调节，为了弥补微观市场的缺陷与不足，维持土地价格稳定，政府通过宏观管理政策来调控。

依据美国当地经济发展情况、土地利用状况，美国地方政府要做城市发展规划的增长线。当有了规划增长线，在范围之内允许土地开发，政府提供公共设施，范围之外就限制发展。将城市的土地划分为不同的区域，根据开发的顺序分为优先发展区域、经济发展潜力区、限制发展区、延缓发展区，有效地控制城市用地。

2. 税收政策

美国是西方国家中房地产税制最完善的国家之一，房地产税收是美国税收体系的重要组成部分，是美国地方政府最大、最稳定的财政收入来源。美国的房地产税主要有：不动产财产税、不动产投资所得税、遗产税和赠予税等。美国房地产税制的特点有：房地产税是地方政府和学区收入的最主要来源；房地产税以房地产价值作为计税依据；房地产的税率根据预算和税基情况而变化；征管程序独特，一目了然，严密便捷②。房地产税收对房地产的调控功能有双向作用，一方面政府通过税收优惠来鼓励居民购买自住房，联邦政府对第一次购房者实行个人所得税减免，从而发展经济；另一方面通过加重税收来抑制房地产投机。对于具有生活必需品的住房，房地产税收作为一种重要的税种，是美国政府最大、最稳定的财政收入来源，一般占财政收入的一半以上。不动产

---

① 数据来源：http://www.globalpropertyguide.com/North-America/United-States/Price-History.
② 伍冠玲.美国房地产税制及启示 [J]. 上海房地 ,2010,9:46-47.

财产税的税收额度会随着房价的上涨而提高。房地产价值是按照房地产市场价值公平评估的。如果出售者出售的是自住房，并住满两年以上，可享受大幅度增值税减免政策，但是投资用途的房屋则不能。如果开发商开发廉租房，则可以享受退税政策，政府在 10 年之内返还整体工程造价 4% 的税费。这个政策有效地减轻了开发商和购房者的负担，也满足了社会不同的需求。

在美国，房地产税税率在 1%～3%，美国各州税的税率不相同，税基是房地产评估值的一定比例。对拥有住房居民在征收个人所得税时，从两方面来税收优惠，一方面给予一定额度的减免税额优惠，另一方面对贷款购买自用房屋的，在征收个人所得税时允许抵扣贷款的利息支出。对出租房屋的业主在房屋提取折旧上给予政策优惠，相应减少了出租人获得的净收入。对出售个人使用过的自有住房的所得豁免税收，等等。

3. 信贷政策

利率政策是美国房地产市场调控的主要手段。当宏观经济形势出现变化的时候，美联储通过加息或者降息来调控市场。金融机构对第一次购房者提供低息贷款或抵押贷款担保。购房者首付仅仅为所需房贷总额的 5%，贷款额可以达到房款总额的 80%～96%，还款期为 20～30 年，利率从 6%～8% 不等。

美国次贷危机的前后，就是利率政策典型的例子。在 2000 年左右，受 911 事件影响，美国经济陷入低迷，2001 年初至 2003 年 6 月，美联储用连续 13 次降息来刺激经济，将联邦基金利率从 6.5% 降到了 1%。正是由于如此宽松的利率政策，刺激了房地产市场的供给。房地产需求随着住房抵押贷款利率的下降而不断上升，房地产进入持续的繁荣期。

在 2005 年 7 月后，美联储连续加息，使得抵押贷款的还款利率也上升，购房者还贷压力加大，不能按时还款的事件大增，房地产资金链断裂，从而引起全球金融危机。

美国金融市场有一级市场和二级市场之分。在一级市场上，联邦住房管理局和退伍军人管理局是政府担保机构，机构的担保有效地降低了房地产市场的投资风险，从而解决了中低收入家庭的住房需求。

在二级市场，联邦国民抵押贷款协会、联邦住房贷款抵押公司、政府国民抵押协会在二级市场上通过抵押证券的交易来实现对房地产金融机构资金总量控制以达到对房地产市场调控。三大机构通过收购金融机构的住房抵押贷款，之后按照利率、贷款期限长短进行资产重组，住房抵押贷款证券化有效地提高了政府融资渠道，但是也带来了一定的风险，从而为 2008 年的次贷危机埋下了伏笔。

美国政策和法律没有明确限制外资进入房地产，但由于美国银行对外国人提出的住房贷款申请相当严格，要求的资料非常翔实，美国银行对个人进行很长时间的资信调查，提高外国人买房的首付比例，税收也更加烦琐，这些遏制了境外游资的炒作。

4. 租房政策

租房市场是美国中低收入家庭的选择，稳定租房租金是美国调控房市的一个重要目的。为解决公共住房问题，美国先由财政投资建造公共住房，解决中低收入者的住房问题，再转向提高住宅水平。美国通过公共住房政策和租金管制法律来防止租金的过度高涨。这方面的法律有房租管制法、住房出租人无正当理由不得收回房屋法、公寓转换管制法、租赁用住房拒租禁止法。这些法律限制了租金价格飙升。

对中低收入家庭，一是可以直接租住政府提供的廉租房，租金为市场价的 50%～80%，方式是政府补贴，其家庭收入约占美国家庭平均收入的 37%。二是发放住房代金券，住户出其收入的 25%，剩余的用住房代金券来补齐。每 5 年审查一次租户的资格，补贴最长期限不超过 20 年。

5. 美国次贷危机

次贷危机之所以发生源于之前美国政府推行的住房政策，克林顿总统在 1995 年宣布"全国房屋所有权日"时，把自有住房同公民责任联系起来。他呼吁巩固美国的家庭价值观、鼓励双亲家庭和让人们待在家里。布什总统也承诺要建设一个"住房拥有者社会"，宣称将有比以往任何时候都多的美国人有能力打开房门，欢迎客人[1]。2000 年初新经济泡沫破裂，以格林斯潘为首的美联储采取宽松的货币政策，次级抵押贷款是美国向穷人的住房抵押贷款，这些人的信用评分较低，对房贷机构来说，是一项高回报的业务，但也是高风险。随着美联储连续 17 次加息，联邦基金利率从最低的 1% 提升到 5.25%，短期利率

---

[1] 管克江，刘华新，李潇. 居者有其屋，各国有高招 [N]. 民主与法制时报,2010-5-10.

大幅度攀升，购房者的还贷压力增加，住房市场持续降温，使抵押住房融资更困难。大批借款人不能按期偿还贷款，最终引发"次贷危机"。

次贷危机之后，美国总统奥巴马公布了《屋主可负担能力和稳定计划》，内容包括：提高美国家庭的"清偿力"，放宽按揭贷款再融资的限制；保障家庭的稳定性，鼓励房贷机构减少"月供"；将房屋抵押贷款利率维持在低水平；限制投机与炒作，对自住型购房提供帮助①。

6. 政策评价

有序的土地发展规划，使城市规划与土地开发有机结合起来。完善的税制为政府提供了稳定的收入，同时起到了抑制房地产投机的功能。对中低收入家庭提供廉租房、住房补贴或者发放住房代金券使他们获得住房保障。低利率政策容易产生房地产泡沫。

7. 借 鉴

赋予地方政府一定的税收自主权；开征统一规范的物业税，清理房地产业流转环节的税费；设置科学的适用税率；建立一套较为科学完善的房地产评税体系；建立一套科学的物业税征管制度。

从次贷危机可以得出，抑制房地产市场过分投机、严防楼市泡沫，防范房地产投机中蕴含的风险，做到未雨绸缪。完善风险防范机制，构建风险文化。适当提高房贷门槛，提高房贷审查标准，有效防范房贷风险。加强金融体系改革，推进金融衍生品创新②。

7.2.2 加拿大

加拿大国土面积 997 万平方公里，但是人口只有 3361 万。在 2009 年房价走高后，加拿大房价基本停滞。新的销售税、利率持续走高、新的抵押贷款政策从 2010 年 4 月 19 日开始实行，使贷款者想贷 4 年或者更短更困难。5 年固定贷款利率比短期利率更高。在新的销售税中，不列颠哥伦比亚省和安大略湖协调销售税。将对新的房屋征收通用销售税，该税是在安大略湖省销售税 8%

①易宪容. 美国房地产救市对中国的启示 [J]. 港沪经济，2009,4:18.
②郭眉扬. 美国房地产次贷危机及其警示 [J]. 河南社会科学，2008,3：72-74.

和不列颠哥伦比亚省 7% 基础上额外的 5%。在 9 月份早期的基础上加拿大银行将主要利率上升了 25 个点，2010 年 6 月将上升第三次。对抵押贷款的影响是很微小的，长期效益很明显。加拿大房价经历了迅速增长之后，可能也会出现类似幅度下跌。导致大跌的诱因将是央行提高利率，这将直接导致购买及拥有房屋的成本增加，以及房主无力承担按揭。从 2000 年到 2009 年房地产价格为150000 加元每套，缓慢上涨，到 2007 年上涨到最高点为 320000 加元每套，2008 年稍微有所下降，之后又上涨到该水平①。相对于其他国家，加拿大房地产市场是很平稳的，但是从 2002 年以来，出现了上涨的势头，且上涨的百分比较高，达到了 89%。为了防止发生类似美国的次贷危机，致使购房者遭受损失，加拿大政府设置了房地产市场涨价的黄线。政策要求银行在发放住房贷款的时候要对贷款人的资格进行严格审查，调整再贷款比例，调整投资房屋的首付比例，来打击炒房，约束银行无底线的发放贷款。

1. 严格的信贷制度

加拿大银行和非银行金融机构要仔细核查贷款者的一些基本条件，从而使得拖欠率保持在较低的水平。加拿大的银行要求贷款人要对贷款完全负责，不管贷款人是处于破产还是其他情况都要偿还债务，即使银行收回房产仍不能抵消损失，银行可以继续上诉收缴贷款人的其他财产，来追回银行的贷款。

2. 房贷保险

加拿大的房贷保险是政府强制执行的，当贷款买房的人的首付款低于全部金额的 20% 时，按照法律规定贷款人必须缴纳房贷保险，如果发生坏账，就保护贷款人的利益。保险金额数量的多少由房贷占住宅总价的比例来决定，这一措施阻止了一些人冲动进入购房市场。这份保险有效地阻止了一些人希望通过少交首付或者借第二份房贷来购房，降低了住房市场贷款的风险②。

3. 税 收

联邦政府财政管理委员会和房地产局制定住房政策，住房部执行具体政策，省议会立法房地产税，市政府征收房地产税。加拿大的土地是私有制，政

---

① http://www.globalpropertyguide.com/North-America/Canada.
② 郎朗，加拿大：房地产泡沫缠身？ [J]，世界博览，2011，11:22-23.

府统一管理住宅。先对房地产价值进行评估，然后再根据年度预算情况确定征税数额和相应征收比率。加拿大政府通过房地产税的税率来实现对产业政策和对房地产行业利润回报的调节。加拿大的房地产税计算较为复杂，多个行政单位重复计税。这些行政单位包括市镇、县和学区，这些税收的税率差别很大，在 1%～12% 之间。一般在 1% 上下，平均来说占家庭居民总收入的 5%，相比占家庭收入 10% 以上的个人所得税算是较低了。老年人因为退休收入较低，居住房屋较大，支付的房地产税占个人收入较高，达到 10% 以上，年轻人则因为收入较高，居住房屋较小，在 5% 以下。

4. 政策评价

加拿大严格的信贷制度和房地产保险制度使该国没有发生房地产泡沫情况。加拿大房地产税收体现了按照房屋面积征税的公平原则。虽然征收的比例较高，但是分情况对待，既反映了极差地租效益，又调节了高利润和低利润产业，避免政府的房地产收益转为房地产企业利润，将这些收入转变为地方政府财政，征管的制度严格，宣传活动到位，所以房地产税的征收效果较好。

5. 借　鉴

将房地产税作为地方政府财政收入的重要来源，促使地方政府有动力执行税收。将税收用于教育和其他公共服务，同时公开税收的用途，加强政府对税收用途的宣传，让市民了解税收的意义，减少征收的阻力。

◎ 7.3 亚洲代表国家

7.3.1 新加坡

新加坡住房价格从 1991 年到现在波动较大，1991 年到 1994 年呈增长趋势，涨幅达 45%，之后受亚洲金融危机的影响一路下跌，到 1999 年，处于历史最低位，下降了 80%，之后又快速直线上升，在 2000 年达到历史第二高位，之后又开始下跌，2002 年比 2000 下跌了 45%，之后又缓慢上升，到 2008 年达到一个最高点，受世界金融危机影响，又下跌了 50%，之后又呈上升趋势。新加坡政府发展抵押贷款市场，新加坡抵押贷款市场是亚洲最发达的市场之一，新加坡利率相对稳定，货币政策主要通过调整汇率来调整经济增长和膨胀。因为新加坡的住房政策很有效，所以其住房租赁市场很小①。

新加坡政府实行"居者有其屋"的政策。目标是做到每个家庭都有舒适的居住环境和生存空间。政府鼓励中低收入阶层购买政府组屋，以拥有自己的住房。根据新加坡政府不同历史时期，提出不同阶段的目标：首先，兴建大量住房，相对低标准；其次，完善周围居住配套，包括学校、医院等；最后，实现低收入人群的住房私有化。政府为此制定了 6 个建房的五年计划。从 1985 年开始，为了适应居民住房现代化的要求，政府放慢了建房速度，拆除了第一、第二两个五年计划兴建的应急住房，采用先进的技术和建筑材料，建造美观、现代化的住房，同时应用新型的住宅管理模式，鼓励居民和社会参与住宅管理，力求建立环境优美、生活现代化的居住区。

1. 针对不同层次住房需求的人来供给不同的住房

不同收入人群住房需求不同，不同年龄阶段的人住房需求不同，针对这一情况，新加坡提供了有差别的住房供给方案。中低收入家庭可以出租和购买组屋。组屋是由新加坡建屋发展局投资、建设和有偿提供，其价格由政府统一规定。组屋的出售价格远低于市场价格，按地段、面积不同，价格也不同。新加坡政府主张政府分配为主和市场交易辅助，掌握了房地产市场上的主动权，通过这种方式大部分国民的住房条件得到了改善，稳定了房价。结果就是新加坡全国有超过八成的人居住在组屋中，收入较高的二次置业者、投资者或者外国公民则购买商品房。

2. 土地政策

新加坡的土地制度以国有为主、私有为辅，国有土地占 80%，私有土地仅占 20%。私有土地可以买卖，但是受到城市规划和法律法规的约束②。政府以拍卖、招投标、有价划拨和临时出租等方式出让土地使用权，是根据投标者的业绩、建筑设计水准是否实现规划要求来全面评价、挑选，并不以最高价格来确定中标人③。使用者取得使用权后，可以"自由"转让、买卖和出租，但年期不变。

---

①数据来源：http://www.globalpropertyguide.com/Asia/Singapore/Price-History.

②杜政清 . 日本、新加坡房地产市场的宏观管理与启示 [J]. 中国改革 ,1995,4:60-61.

③李玉兰，舒宁 . 新加坡房地产业管窥 [J]. 东南亚研究 ,1997,4:9-11.

使用期满，政府就收回土地，地上建筑物也无偿归政府。若再次申请使用，要重新支付买地费用。新加坡国有土地招标出让是由土地局委托市区重建局代办。

　　土地税收是新加坡财政的重要来源。非农建设用地均按照法定标准交税。新加坡每年征税的土地税款，在 5 亿元以上，占国家财政 20%～25%。新加坡土地法规健全，包括地界法、特别物产法、产业转让法、滩涂法、土地征用法、土地改良法、土地地契法、土地税征收法、地价租赁金法、地契注册法、转移土地法、侵犯国家公地法、海岸线法、联邦土地局法、建屋局法、土地局授权法、规划法等。具体执行由土地局设有土地稽查员和专门的执法组，对违法建筑非法侵占公地等案件进行严惩，如果违法者收到"拆除通知书"不自行拆除，将面临被吊销临时用地执照或由拆除队强行拆除，对未经批准而占有国有土地的，将被依法起诉。法规的配套和执法的严格对土地交易的规范运作起到了很好的作用[1]。

3. 住房公积金制度

　　中央公积金制度是新加坡政府于 1955 年建立的，该制度在解决住房方面发挥了重要的作用，该制度是由政府强制实施的。办法如下：每月个人交纳工资的 21.5%，雇主缴纳雇员工资的 18.5%，以雇员的名义存入中央公积金局[2]，之后资金的 75% 用于购买住房，25% 用于医疗和养老保险。当职员买房的时候，首付要交房价的 20%，之后每年用公积金来交付用于买房的部分，直到付清为止。付款期限可以延长到十、二十年和三十年。公积金存款享有利息，从 1986 年起，每隔半年，公积金利率没有与通货膨胀连接，但是会根据本地银行利率的变化而波动一次，在政府的公积金"准购屋计划"下，公积金成员可以用自己的存款加上公积金款项来购买政府的组屋。如果不够资格购买政府组屋的人，这些人一般是中等收入人员，政府另外安排《中等入息公寓计划》，中等收入家庭可以用公积金购买公共住房；收入较高的人员，根据规则无法用公积金贷款购买组屋，政府制定了《特准住宅产业计划》，根据该法案，这些人可以用公积

①杜政清.新加坡房地产业管理与市场运作 [J]. 城市开发，1995,7:27-29.
②陈功，郑秉文，新加坡中央公积金：为国民提供各类社会保障 [N]，中国经济时报，2020-11-26（003）.

金来购买商业住宅，自己住或者出租。住房公积金是政府住房计划的基础资金，大多数人用这些公积金储备购买政府的组屋，公积金的存在，使人民具有了较强的住房消费实力，为所有人购买住房提供了资金支持，为新加坡的经济发展奠定了基础①。

4. 其他信贷政策

新加坡有众多的金融机构。一些银行除了向地产商贷款或者给购房人贷款，还从事房地产开发经营，银行对这些人有贷款条件优惠，贷款人可获得最高达购房价 90% 的贷款且不用必须在银行存款；贷款利率低，商业贷款 1 ～ 5 年的利率为 6.8%，6 ～ 10 年的利率为 7.25%，11 ～ 20 年的利率为 7.5%，房屋贷款最低利率为 6%，期限越长，利率越高，期限的利息差距都保持在 1% ～ 2% 左右；可以还款期限较长，商用产业贷款的还款期限可以拉长到 20 年，房屋贷款的还款期限可以拉长到 30 年。如果是首次买房，可获得贷款利率一定的折扣优惠，当贷款批准后，可不用交任何手续或估价费等②。

总的来说住房筹集资金的渠道有三条：一是预收的购房定金和出售、出租组屋的收入；二是政府贷款；三是银行贷款，其中政府贷款发挥着很大的作用。政府贷款来自中央公积金局和邮政储蓄银行，种类分发展贷款和购房贷款。前者用于建房，年息为 5.78%；后者用于居民购房，年息为 3.88%，外加 0.1% 的手续费。建屋发展局每六个月偿还一次贷款本息。由于由政府规定的组屋售价或租金均低于市场价格，故政府每年给予建屋发展局一定的津贴③。

5. 公屋建设

发展公共组屋是新加坡解决住房问题的另外一个重要的途径。该计划主要由新加坡建屋发展局来实施，来解决占总人口 80% 的中低收入阶层的居住问题。建屋发展局是政府法定机构，该机构既从事社会公益事业的政策性投资又实行企业化管理。对组屋购买对象有严格的限制，主要限制家庭收入和家庭成员数量。

居民购买组屋需要向建屋发展局申请，但是申请者必须是新加坡公民而且

---

①辛欣 . 新加坡是怎样解决住宅问题的 [J]. 住宅科技 ,1993,12:16-19.
②李玉兰，舒宁 . 新加坡房地产业管窥 [J]. 东南亚研究 ,1997,4:9-11.
③丁健 . 新加坡的房地产开发 [J]. 外国经济与管理 ,1993,9:30-33.

对申请人的收入有严格规定：业主想出租或者转让，需要遵守一定规则，首先是一年内不能将房屋整体出租，其次5年不能将房屋转让，而且也不能用组屋进行经营活动。同时为了防止投机，有些人多占，还规定，一个家庭只能拥有一套组屋，在购买时候，必须提供准确、翔实的资料，如果发现造假，造假人会面临5000新加坡元的罚款或者半年的监禁。

6. 金融危机前后

1997年亚洲金融危机爆发，使新加坡的房价一路下跌。房地产交易量急剧萎缩，楼宇积压严重。1998年第一季度投资性房地产交易总金额只有4900万新元，比1997的同期锐减98%。导致房价下跌，交易萎缩的根源是之前几年的房地产过度开发，供过于求。金融危机引发了经济萧条，从而降低了国内的购买力，同时金融机构在市场方向不明朗的情况下，调高了住房贷款利率，调低了贷款的授信额度，由于紧缩性货币政策，使房地产市场更疲软。对此，政府果断采取了应对措施：推迟出售政府地段，将发展商业完成新住宅项目工程的期限延长，拥有期不足三年的私人住宅转售时不再征收印花税。之后几年房价仍然下跌，为了减少空置房，2004年政府推出多项措施：首先提高购房贷款额度，由之前的80%提高到后来的90%，现金支付由原来的10%降低到5%。其次将公积金使用放宽，允许用公积金来购买私人住宅，这些私人住宅的土地使用权超过60年。非相关人员使用公积金合起来购买私人住宅也可以，简化提取公积金手续。最后取消外国人购买房地产的限制，允许外国人购买低于六层的私人公寓，但是不允许购买有地住宅。第四是外国公司购买土地不再需要质量认证，银行担保降低，由原来的50%降至10%，土地开发期限放宽，将原来的3～4年延长到6年左右。之后，全年私人住宅价格比原来上升了3.4%。

7. 政策评价

多层次的住房供给体系，同时政府住房保障覆盖面广，中低收入家庭都是新加坡住房保障对象。强制性住房公积金制度成为新加坡社会保障的重要金融来源，发挥了巨大的社会作用，成为一个有效解决资金问题的途径。组屋的建设和供给有效地解决了中低收入家庭住房问题。使新加坡成为世界上住房拥有率较高的国家。

8. 借 鉴

保持土地供求大体平衡，将土地推向市场，加快土地的商品化改革，防止土地投机和哄抬地价，对城市建设用地进行预测，控制地价，严格的监督政策执行效果。发展政府主导的强有力的住宅战略规划和住宅政策体系，设立政府主导的土地开发基金，从而政府主导住房供应，满足大部分居民的住房需求，最大程度压缩投机者炒房利润空间。

7.3.2　日　本

日本的房价从 2006 年到 2007 年年底呈曲线上升态势，最高价格比最低价格高了 10%。之后呈下降趋势，一直到 2009 年年初探底，价格下降了 23% 之后呈上升趋势。日本的利率呈稳定态势。在 2009 年 4 月，日本政府宣布了 154 亿日元的刺激计划，是自 2008 年以来的最大动作。60 亿将用于建设环境友好型不动产[①]。

日本住宅建设与管理的行政机构，主要是官方的建设省及其下属的住宅局，此外还有贯彻执行某项法令或政策的具体机构，如"住宅金融公库"，"日本住宅公团"，以及"住宅开发公团"，以及由这两个公团派生出来的"住宅都市整备公团"。日本在 1952—1980 年先后制定了 8 个短期的三年、中期 5 年的和长期 10 年住宅建设计划。日本政府在 1955 年制定了《日本住宅公团法》，组织个体开发经营企业进行住宅的统一开发建设。根据不同的时代背景，提出各个阶段的建设目标、规模、标准和措施，明确保障性住房的比例。住房市场逐渐从个人建房到政府供给，再逐步走向市场化。

对低收入人群用金融公库、公营住宅、公团住宅来进行直接救济、间接救济、直接供应、租金补助等办法，解决他们的住房问题。日本政府面向低收入者出租的住房，其租金水平严格按照收入线确定，一般占各收入层家庭收入的18% ～ 20%，为市场平均租金的 55%。

1. 土地政策

日本的土地利用规划体系非常的完善。日本政府制定土地政策的立场是限制土地交易，对土地交易进行严格的管制。政府对每块土地的交易价格和土地使用目的进行严格审查。土地交易许可制是日本政府控制土地交易活动的重要

---

①数据来源：http://www.globalpropertyguide.com/Asia/Japan/Price-History.

手段。交易价格以附近土地的地价水平和政府定的限制价格为标准，使用目的以城市规划为标准。对于那些会影响土地市价或土地用途的大规模的土地交易，土地交易申报制有利于控制这些交易的影响。土地交易监视区域制度用于监视地价上涨过快的小规模土地交易。如果交易的地块价格快速上涨，政府要对交易行为进行调查，对交易双方进行价格方面的干预和劝告。如果不服从劝告，交易合同仍然有法律效力，但将被公开"曝光"。土地交易事前确认制是对申报制的一种补充。空闲地制度有利于防止投机性囤积土地。同时，日本政府还有地价公示制度、土地利用计划制度、土地租税制度、土地登记制度等来约束和规范土地市场。

日本的地价公示制度保证了土地价格的透明性。公示地价是一切土地交易活动的基础。无论是政府为公共事业征地还是私人机构申请购买都必须以公示地价为依据。该地价还是土地继承税、固定资产税计税的标准。公示地价的确立是由一套自上而下的分工体系来保证的。国土交通运输部土地鉴定委员会统一负责。

日本政府还制定了一系列法律来保障土地制度的有效运行。比如《国土综合开发法》《国土利用计划法》《都市计划法》《农业振兴地域整备法》《森林法》《自然公园法》《自然环境保护法》等，严格保护农地制度，强调土地的可持续利用[1]。

日本从 20 世纪 60 年代开始放宽对土地流转的限制，完善土地流转制度，鼓励农地流转，提倡土地转让和相对集中，日本对农民土地使用权非常有保障，农地使用权的稳定和农地的市场化流转，可以实现农地的适度规模经营，使农地资源得到更有效的配置[2]。

2. 税收政策

日本的房地产税收制度相对较为完备。在地产取得、保有、转让环节设置了不同的税种。购房环节的国税由消费税、继承税、赠予税、注册执照税、印花税；地税包括消费税、不动产购置税、部分特别土地的持有税。房地产保有

①刘文贤. 谈谈日本土地制度 [J]. 北京房地产，2006,3: 105-107.
②许田晓. 日本土地制度的改革及对我国的借鉴意义 [J]. 现代商业，2009,36,: 284-285.

环节的税有地价税、固定资产税、城市规划税、部分土地特别税。转让环节有个人所得税、法人税、印花税。地税有个人居民税、法人居民税。对财产登记税、不动产所得税、城市建设税这些税种日本政府实行减免；可以免缴住房资金中的赠款部分赠予税。利用住宅贷款自购、自建住宅的居民，在 5 年内可以从每年所得税中扣除当年年底的住宅贷款剩余额的 1%[①]。

3. 日本房地产泡沫历史

日本在 20 世纪 80 年代后期经历了一场大规模的房地产泡沫。泡沫破裂对日本整个国民经济产生了巨大的负面影响，直接导致经济长时间的滑坡。泡沫产生、破裂是有多种原因的，但是政府调控不当是一个重要的原因。

从 1956 年到 1985 年，日本全国土地价格增长了 41.8 倍，六大城市平均土地价格增长了 56 倍，名义国内生产总值增长了 38.6 倍。其中，1968 年到 1974 年，土地价格上涨了近 2 倍，主要因素是第二次世界大战之后的婴儿潮人群进入了婚姻年龄，日本个人住房抵押贷款规模大幅度增加。当城市化进程接近尾声，土地价格快速上涨，日本企业购买了大量的土地，1984 年企业购买的土地量占家庭出让土地量的比重的 10%，而到了 1985 年，企业购买土地量占到家庭出让土地量的 46%，最高点达到 70%。企业大量买入土地推动地价快速上涨；日本经济发展方式发生了转变，经济增长方式也转为"出口主导型"，出口推进了日元的国际化，较低通胀促使政府实施扩张性货币政策；结果就是日本金融机构行为扭曲，企业行为扭曲；企业购买大量土地，但是企业却没有进行交易，而是将土地作为资产保有脱离交易市场，导致土地有效供给不足，土地价格持续上升，金融加速器机制起到推波助澜的作用。

泡沫产生的原因是金融、税收政策综合的结果。1981 年日本政府进行了放宽土地税制减轻土地税负的税制改革。在土地价格不断飙升的 20 世纪 80 年代后期日本的固定资产实际有效税率仅为 0.2% ~ 0.3%。宽松的土地流转税和保有税以及继承税的税额比实际土地市场价格还要小 70%，加剧了对土地投机的刺激，使土地价格进一步上升。从土地价值看，1990 年末全国土地市值为日本当年名义 GDP 的 5.5 倍。当时的背景是日本对美国贸易盈余扩大，美国财政赤

①张铁军 . 日本房地产税制及其成功经验 [J]. 中外房地产导报，1997,13:1-4.

字剧增，对外贸易逆差大幅增长。日美贸易矛盾激化。1985 年，美国、日本、联邦德国、法国、英国五国政府在纽约举行会议，为解决美国巨额贸易赤字问题，五国达成合作干预外汇市场，美元有秩序地对主要货币的汇率贬值。之后每年，日元币值确定上升 5% 以上，这样就变相形成一个保险，确保国际资本投资日本的股市和房市稳赚不赔。这个时期，日本采取了宽松的货币政策以对冲汇率变动的消极影响。从 1985 年到 1987 年，日本银行将再贴现率从 5% 下调到 2.5%。货币供应的增多使房价一路攀升。政府没有及时对房地产金融进行监管，1990 年大藏省出台的政策也没有达到预期的效果，流入房地产市场的信贷规模没有有效的控制。各种因素使房价经历了暴涨的几年。市场的持续繁荣使一些房地产商利用不动产担保向银行贷款再进行开发，在高额利润下，金融机构不断向房地产注资，同时还有寿险行业，信贷规模的急剧膨胀进一步刺激了房地产。

日本政府在 1989 年开始了紧缩性货币政策，银行再贴现率在 15 个月内从 2.5% 大幅度提高到 6%。严厉的货币政策使房地产需求急剧下降，加上市场预期，房地产价格开始暴跌。在 1991 年，日本政府为了抑制土地投机行为进行了税制改革，将税率提高。但是改革的时机是房地产价格迅速下降时期，税改进一步促使了房价下跌。

4. 政策评价

宏观调控的合理运用可以对房地产市场起到稳定作用，相反则将房地产市场的泡沫给吹起。日本的房地产金融和税收政策使房地产市场急剧扩张，房价上涨，在不适当的时机调高了利率，紧缩信贷，使房价下跌，地产泡沫破裂。

5. 对我国启示

日本当年经济泡沫的国际和国内环境与中国现在非常的相似，值得我们借鉴。尽管国内现在对房地产是否有泡沫没有形成一致看法，但是对发展过程中已经出现或将来有可能出现的不良苗头进行及时治理和防范是有意义的。日本房地产泡沫产生与日本长期实行低利率有关，从而引起了信贷过多，投资过热，国内企业盈利增长远远落后于房地产价格上涨，促使资金都流向地产业。明确宏观经济环境，适时把握利率调整时机。

7.3.3 韩 国

从 1991 年到现在，韩国的房价波动幅度较大。1991 年到 1992 年呈直线下降趋势，下降近 18%，之后缓慢上升一直到 1997 年，之后受亚洲金融危机影响，于 1999 年探底，后呈直线上升趋势，到 2000 增加了 20%，从 2000 年到 2002 年呈下降趋势，之后开始上升，到 2003 年达到一个新的高点，增长了 17%，之后又开始下降，到 2005 年下降了 20%，之后开始上升，价格趋于平稳。近期韩国经济良好，政府为快速恢复经济，降低了税收和利率。韩国有长期干预房地产市场的经历，但是有时候并未达到很好的效果。刺激房地产市场导致了大量的房屋无法售出，根据韩国土地、交通和海事管理局的统计，到 2008 年 8 月，空置的公寓达到了 129858 套[①]。

韩国在 20 世纪 60 年代时，住房矛盾并不突出，随着工业化和城市化的发展，大量的人口涌入城市导致住房短缺。韩国仅仅用了 30 年，即将城市化从 1960 年的 28% 提高到了 1990 年的 74%。城市化率的大幅度提高，使得城市住宅需求愈发刚性。同时，人口结构有了很大变化，中年所占比例较高。韩国的婴儿潮一代出生在 1955 年到 1963 年，到 1998 年时候，他们是社会财富的拥有者，同时也是房地产市场的主要消费者[②]。但是韩国的住房供给却很落后。1985 年韩国人均 GDP 大约是 3000 美元，韩国户均住房仅为 0.61 套。在随后的 10 年中韩国政府大力发展住房建设。到 1998 年，人均 GDP 超过了发达国家水平，但距离发达国家住房标准户均 1 套还是相差较远，韩国户均住房 0.75 套。由此，韩国房地产市场发展状况与国民经济不协调，居民住房需求还远远没有得到满足。

为了解决住房短缺问题，韩国政府成立了专门负责住房建设和城市再开发部门，并成立专门银行为中低收入家庭提供低息住房贷款，同时成立代表政府的土地开发公司。为了解决居民越来越突出的住房矛盾，政府在 1960 年初颁布了《公营住宅法》，并成立了专门服务住宅的银行"大韩住宅公社"和"韩国住宅银行"。这样由政府主导的住房市场格局基本形成了。1970 年，韩国政府把解决居民住房问题纳入到了长期的战略目标，并且提出了"一户一住宅"的目标。为了实现这个目标，政府颁布了多项法律法规，这些法律法规对市场

---

① 数据来源：http://www.globalpropertyguide.com/Asia/South-Korea/Price-History.
② 张江涛．韩国住房调控的经验及启示，现代物业 [J].2011,2:116-117.

产生了深远影响。韩国从 1972 年到 2003 年多次实施住房供给计划。1972 年到 1982 年计划建成 250 万套住房，1982 年到 1991 年建 500 万套住房，1988 年到 1992 年建 200 万套住房，并开始实施为低收入家庭提供低于市场租金的永久租赁住房计划，1993 年到 1997 年，对住房建设的规划更深入，1993 年缩短租赁年限，将永久租赁用 50 年租赁计划替代，2001 年发布首都圈二期计划，2003 年到 2012 年，建造 100 万套廉租房。这些住房计划并非都达到了预期效果。因为计划成本过高，刚开始的两期计划都没有完成。整体来说，还是有效缓解了住房需求的压力[①]。

在大力发展房地产市场，提高住房供给的同时也引起了房价快速上涨、投机等不良现象。为了保持房地产市场稳定，韩国政府将打击投机写入政府的正式文件。韩国政府的加大住房供给、解决住房短缺缓解了住房价格上涨的压力。

1. 税收政策

1978 年为调控房地产投机及稳定地价的综合措施，将全国的土地交易资本利得税从 30% 提高了 50%；城市规划，在首都附近建立卫星城市，并缩短卫星城市开发周期；2006 年 3 月，国家将旧城改建项目利润收归，并且提高收取比率为 50%；政府提高持有物业的税率，将流转税率进一步提高；限制期房价格，并且规定投机住宅买卖的人员负债收入不能超过 40%。对包含 20 个单元及其以上的新建住房实施统一的价格上限管制；套型面积管制，规定住房开发用地 40% 的建筑面积为 85 平方米以下；税收政策设置分级累进的资本利得税并提高资本利得税和印花税税率等工具。

2. 信贷政策

2003 年 5 月，提高了期房市场门槛，加强购买者资格审查，停止期房转让，提高资本利得税，加强对旧城改造开发的限制。2005 年 8 月，规定在土地交易时，进行房地产交易申报，要求向地方政府的国税厅和警察局等机关申报资金来源；2005—2010 年，集中在首都开发 4500 万平方米住宅用地，建设 150 万套住宅。2006 年下半年，政府决定缩短卫星城开发周期，大力开发新的卫星城；为了提高住宅利用率，鼓励建设高密度住宅区，允许城区重建、改建多户共用型住

---

① 王松涛，刘洪玉，李真 . 韩国住房市场中的政府干预，城市问题 [J].2009,3:82-89.

宅的限制措施；但是提高购房贷款利率，提高首付比例，将按揭占比从不超过60% 下调为不超过 40%。2007 年，将资本利得税率提高到 60%，个人购买豪宅的，且价格在 6 亿韩元以上的住宅，购房者将缴纳高额的"综合房地产税"，数量是普通住宅 8 倍。交易量的增加助长了房价的快速上涨，从 2005 年到 2006 年一年间，韩国全国房屋均价上涨了 13.8%。

3. 亚洲金融危机前后

1997 年下半年，韩国发生金融危机，房地产市场进入萧条状态。为了将市场由冷转热，韩国政府开始逐步将住房交由市场化处理，具体主要是，第一，减税和降税。减免房地产转让所得税，不动产所得税，登记税等多项房地产税收。第二，放宽对专卖住房的限制，放松对"请约"资格的审查；第三，停止"小户型住宅建设义务比率"的规定。第四，取消全国范围内商品房限价政策。第五，使外国人在房地产市场上享有国民待遇。在这一系列措施之后，韩国房价大幅提升。1997 年金融危机以后，2002 年开始，韩国经济已经基本从危机中复苏了，大批资金开始进入房地产市场，使得房价快速上涨，2003 年起，韩国房价增速逐渐超过韩国居民收入增速。

4. 韩国政策评价

住房供给政策有效地缓解了住房供给的压力，为解决中低收入家庭的住房问题打下了坚实的基础，各种打击投机的措施也收到了应有的效果，使得房价稳定或者趋于下滑，组合政策工具应用效果较好。信息披露制度减少了房地产的信息不透明，但是价格管制使房地产失去了应有的弹性，套型面积管制造成新增住房供给过于集中，频繁的市场调控会起到负面的作用，调控者需要掌握好节奏，使用税收手段强行抑制房价，始终不能对中长期房地产市场的价格进行影响。国民人均收入、居民需求与住房供给等因素影响房地产市场中长期价格。政府政策干预通常只能在短期内对其造成影响。韩国政府在 2003 年对住宅市场进行直接干预的结果就是成交量的减少。

5. 借　鉴

从韩国的房地产市场发展过程中，可以看出，韩国和中国的情况非常的相似。在政府改革住房市场化前，房地产价格增长水平落后于国民经济，房地产市场处于被抑制的状态。当经济发展到较高水平时，居民拥有了大量财富。在住房市场改革后，这些有财富积累的人成为购房的主力军，需求大于供给，所以房价会快速上涨。

同时城市化的过程使得大规模建设以及房价上涨的基本趋势不会改变。为了满足居民的基本住房需求，短期内住宅的大规模建设不可避免。居民对住房的渴望，拥有固定住房是很多人的奋斗目标。在缺乏保障和基本需求、文化驱使的双重背景下，大量的刚性需求促使房地产市场价格整体上涨。

影响房地产市场价格的基本因素是政府要特别关注的，在我国城市化还没有完全结束之前，新市民住房需求没有得到满足，政府和市场要多渠道地增加供给是防止房价上涨的渠道。

◎ 7.4 小 结

他山之石可以攻玉，学习其他国家好的经验，吸取他们失败的教训，并结合我国当前的实际情况明确今后发展的道路，有助于我国房地产更健康、持续的发展。

住房商品既具有金融属性和居住特性，所以住房是特殊商品，要用市场和行政两只手共同作用的方法，在市场不起作用的区域使用政府这只手，在政府不起作用的区域使用市场这只手。对高收入人群，主要由市场来满足他们的需求，即市场机制在配置住房资源中起基础性作用。中低收入人群的住房问题，主要有政府来进行行政干预满足，建立政府主导的住房保障机制。

好的土地制度有利于房地产业的发展，日本确保农民对土地使用权，且农民有权利将土地进入市场进行土地流转的制度值得我们借鉴，英国的土地租赁制度有利于保护土地所有者和土地承租人的权益，形成两者完整的物权。促进土地交易成本的降低，且交易环节有法律法规可循，有利于房地产投资市场发展，有利于提高政府的财政收入，有利于提高城市功能和社会效益。土地制度的执行要靠法律法规来支持。今后要加强土地法律法规建设，使覆盖范围更全面，法律条文更具体细致，更有针对性。重视资源和环境保护，强调土地的可持续利用。

房地产税收并非越简单越好，因为税收制度越简单，调控效果可能越不理想，今后的税收政策应该充分考虑各种因素，保障住房长期拥有人的权利，通过税收来打击炒房。对只购买而不居住的房屋征收房屋居住税和地皮税，严格税收的透明性。完善税收法制，健全房地产评估制度，合理划分中央和地方政府的房地产税收管理权限，扩大税基，优化房地产税制结构，在税制建设中更加注重效率，同时兼顾公平。赋予地方政府一定的税收自主权；开征统一规范的物业税，清理房地产业流转环节的税费；设置科学的适用税率；建立一套较为科学完善的房地产评税体系；建立一套科学的物业税征管制度。

鉴于我国城市房价高，大量的中低收入人群无法购买住房，同时流动人口和暂住人口，因部分人不愿意买或者不需要买而租房，租房市场发展潜力巨大。现在我国的住房政策还是倾向于鼓励人们买房，建议政府今后多向租房市场倾斜，完善住房租赁制度。租房制度详细规定租房双方的权利和责任保障处于弱势的租房人的合法权益，保证租房价格，规范租房市场。加强对租房市场的监督和管理，合理制定廉租房的价格，实行租金指导价制度，加强对租房中介的监督。

廉租房制度对保障低收入人群的住房发挥了重要的作用，满足了部分人的住房需求从而达到抑制房价上涨的目的。保障城镇低收入人群的租房需求，提供租房补贴，对建设廉租房的开发商进行补贴和税收倾斜，扩大廉租房的住房来源。在城市规划中将中低收入人群的住房规模提前纳入规划范围，同时重视对历史文化建筑遗产的保护，通过土地出让合约方式，要求开发商在全部开发产品中开发一定比例的租赁住房，或者给予开发企业以补贴，减少税收方式，鼓励和扶持房地产开发商投资租赁住房。合理确定廉租房申请条件，严格审查廉租房申请人的资格，确保廉租房是提供给非常需要的人。

德国非强制性的住房公积金制度有利于储户的多元需求，注重了借款人的支付能力，并评估了贷款人对住房储蓄的贡献，减少了长期融资的风险，德国住房公积金管理中心是独立的金融机构，明确其独立的法人地位，个人住房抵押信贷服务的金融机构具有独立的法人地位，有利于形成有效的约束机制和激励机制，有利于所有者、董事会和高级经营者之间建立起制衡关系，有利于投资主体多元化。实行自愿储蓄和机会均等原则，针对不同居民类型开发多样的储蓄品种，并增强与商业银行的协作与合作，改善住宅金融服务，形成政策性住宅金融与商业银行相互协调的格局，政府制定相应的政策法规来使住房公积金管理中心为政府的住房政策服务。新加坡住房公积金制度有强制性但是覆盖范围广，并且为住房资金提供了稳定的来源，成为一个有效解决资金问题的途径。保持土地供求大体平衡，将土地推向市场，加快土地的商品化改革，防止土地投机和哄抬地价，对城市建设用地进行预测，控制地价，严格地监督政策执行效果。发展政府主导的强有力的住宅战略规划和住宅政策体系，建立土地开发基金，良性循环。

我国城市化进程和货币发行量的增加使房价保持上涨的趋势。在住房市场改革前，住房市场基本是空白，没有商品房，居民居住条件较差。当经济发展水平较高的时候，居民拥有了一定的财富。住房市场改革后，有财富积累迫切希望通过市场来解决和改善住房。社会保障体系不完善、投资渠道缺乏、居住需求和"置业"文化的作用下，使得中国人的买房需求较大。厘清影响我国房地产市场价格的基本因素，在人口城镇化趋势没有完全停止之前，多渠道加大土地供给，增加住房供给才是解决房价上涨的出路。

在打击房地产投机的手段中，住房供给政策有效地缓解了住房供给的压力，为解决中低收入家庭的住房问题打下了坚实的基础，信息披露制度减少了房地产的信息不透明，但是价格管制使房地产失去了应有的弹性，套型面积管制造成新增住房供给过于集中，频繁的市场调控会起到负面的作用，调控者需要掌握好节奏，使用税收手段强行抑制房价，始终不能对中长期房地产市场的价格进行影响。居民中劳动力人口数量、居民人均收入、居民需求与住房供给的关系等因素影响房地产市场中长期价格组成。中央政府的宏观调控，通常只能在短期内对房价造成影响。

从日本和美国的房地产泡沫破裂历史过程可以得出如下教训：宽松的利率政策刺激居民购买房地产。不考虑购买者的购买能力，单一的投资渠道，投资过热，国内企业盈利增长远远落后于房地产价格上涨，这些都促使资金都流向地产业。紧缩性货币政策，以及调控时间的迟滞将使泡沫破裂。单靠房地产业发展国民经济很危险。在房地产较热的时候，中国房地产与日本相似，宽松货币政策下大量资金流入房地产业；经济过热、房价猛涨，同时积累吹大了泡沫，不断膨胀的泡沫成为经济可持续发展的潜在威胁。经济过度依赖房地产的这种模式是不可持续的，政府要采取更有效的措施，发展其他高端产业，才能使中国经济持续健康发展。

第 8 章　结论和展望

◎ 8.1 主要结论

　　房地产不仅具有消费特性还有投资特性，既关系到百姓的日常生活，又会对整个国民经济产生重大的影响。从 1978 年提出"住房商品化"到现在，房地产市场经过了四十多年的发展，在取得巨大的成绩的同时，也出现了许多问题。由于市场自身调节的盲目性和滞后性等特点，决定了房地产市场不能仅仅依靠自身来进行调控，为了弥补市场调节的不足，中央政府要对房地产市场进行宏观调控。

　　中央政府可以采用多种手段对房地产市场进行调控，如通过税收政策、土地政策、信贷政策和其他行政手段等。梳理中央政府的宏观调控，可以将我国的房地产市场划分为以下几个阶段：1978—1992 年，培育房地产市场发展阶段；1993—1997 年，整顿房地产市场阶段；1998—2002 年，大力发展市场阶段；2003—2007 年，紧缩调控阶段；2008 年底—2009 年 6 月大力扶持阶段；2009年 6 月—2014 年 8 月，抑制商品房，发展保障房；2014 年 9 月—2017 年 9 月，去库存阶段；2016 年 6 月—2020 年 8 月，紧缩调控阶段。宏观调控的效果受到多种因素的影响，如调控的时点、政策工具的选择等。但根本原因是房地产市场中其他主体对调控政策的不同反应。

　　通过对不同主体间的博弈分析发现：房地产开发商通过信息的释放来影响消费者对未来房地产市场的判断；地方政府通过拍卖手段可以使土地交易价格不断上涨，从而获得更多的收益，但同时也推动房价的不断上升；中央政府无法获得足够多的信息来精确地调整每一时刻的市场走向，中央政府需要在房地产商的决策之后才能够得出自己的效用函数从而判断自己的决定是否正确；当中央政府对房地产的调控目标和地方政府对房地产调控目标相同时，地方政府会支持中央政府的宏观调控，而不相同的时候，地方政府执行政策的效率就会打折扣；以及消费者消费行为受到中央政府对房地产调控政策信息的影响。

在主体间博弈分析的基础上，借鉴世界上其他国家的经验，本书认为未来我国中央政府对房地产市场进行宏观调控时，房地产市场应该以市场自身调节为主，宏观调控为辅。市场调节能够引导资源的高效配置；调控则是实现各相关主体权利、利益的平衡，实现房地产市场的健康平稳发展。提出以下针对性的建议：①深化户籍制度改革。②加强土地资源管理。③加强房地产市场信息平台建设。④完善房地产供给体系，通过各种方式增加保障性住房的供给。⑤完善住房公积金制度。扩大住房公积金的覆盖面，使中低收入者也能享受住房公积金待遇。改善房地产金融服务，形成政策性房地产金融与商业银行相互协调的格局。通过制定相应的政策法规，使住房公积金管理中心能够更有效地为中央政府的调控政策服务。⑥完善房地产税收制度，健全房地产评估制度。合理确定不同主体的税收负担；合理划分税收的分配关系。

主要创新点包括：第一，对我国中央政府从 1978 年到 2019 年关于房地产市场的宏观调控政策进行梳理，并从调控目标、调控的政策效率和公平等方面来进行评价。第二，对房地产市场利益主体，即中央政府、地方政府、房地产开发商和消费者之间的博弈进行分析，分析各个主体对调控政策的影响方向及影响程度，在此基础上给出调控政策效果变化的原因。第三，从户籍制度改革、土地资源管理和房地产信息化、房地产信息体系、住房公积金、税收等方面，对我国中央政府未来对房地产市场的调控提出了针对性的建议。

但限于精力和资金等因素的限制，本书也存在一些明显的不足，主要是未能进行更为复杂的博弈的分析，如三方和四方博弈分析等。

◎ 8.2 未来研究展望

未来的研究可以从以下几个方向进行拓展：第一，完善博弈分析模型。在两方博弈的基础上，进行三方、四方等博弈分析。第二，实证分析。本书的研究主要是理论研究，本书的分析方法与结论有待进一步的实证检验。

参考文献

[1] 国家统计局发布 1～4 月全国房地产市场运行报告［N］. 中国信息报，2010-05-11.

[2] 王升，李建华. 寻租现象的分析［J］. 科技资讯，2005.

[3] 陈锐. 调控房地产市场存在的立法需求及立法选择［J］. 广西城镇建设，2005.

[4] 秦国荣. 房地产市场运行中的经济法：现实矛盾与理论破解［J］. 法治研究，2010.

[5] 王麦玲. 中国需要一个健康发展的房地产市场［N］. 中国信息报，2009-02-17.

[6] 国务院办公厅关于促进房地产市场健康发展的若干意见［J］. 广西城镇建设，2009.

[7] 冯京津. 采取综合性措施 促进房地产市场健康发展［J］. 中国房地信息，2009.

[8] 国务院办公厅关于促进房地产市场健康发展的若干意见［J］. 住宅产业，2009.

[9] 田芳. 公共权力寻租行为分析［J］. 内蒙古电大学刊，2008.

[10] 严寒. 改善民生更将拉动工程机械需求——浅析《关于促进房地产市场健康发展的若干意见》［J］. 今日工程机械，2009.

[11] 国务院办公厅关于促进房地产市场健康发展的若干意见（国办发〔2008〕131 号）［J］. 吉林政报，2008.

[12] 国务院办公厅关于促进房地产市场健康发展的若干意见［J］. 吉林政报，2008.

[13] 2010 年 1～10 月全国房地产市场运行情况［N］. 中国信息报，2010-11-10.

[14] 李念文 . 去年商品住宅投资 34038 亿元 [N]. 消费日报 ,2011-01-31.

[15] 薛志伟 . 房地产调控初见成效 [N]. 经济日报 ,2010-11-12.

[16] 仝文 .11 月全国 70 个大中城市房价环比上涨 0.3%[J]. 资源导刊 ,2010.

[17] 裴蕾 , 濮励杰 . 我国现行土地出让方式中存在的问题及对策研究 [J]. 安徽农业科学 ,2008.

[18] 莫兰琼 , 余建源 . 宏观调控中中央与地方的利益博弈分析 [J]. 商业时代 ,2009.

[19] 姚金海 . 住房市场价格决定的博弈分析 —— 一个价格领导模型的应用 [J]. 云南财贸学院学报 (社会科学版),2006.

[20] 余建源 . 房价调控中的中央政府与地方政府的博弈分析 [J]. 经济师 ,2009.

[21] 王炜 , 王慧敏 . 投资买房如何看？ [N]. 人民日报 ,2010-06-03.

[22] 孟为 . 房地产广告靠"最终解释"难蒙事了 [N]. 北京日报 ,2010-08-20.

[23] 邱柏 . 房地产市场虚假广告的表现形式及治理建议 [N]. 中国工商报 ,2010-08-17.

[24] 王营 . 开发商造的"梦"离现实有多遥远？ [N]. 北京商报 ,2009.

[25] 金三林 . 房地产市场调控应"公平优先 , 兼顾效率"[J]. 中国社会导刊 ,2006.

[26] 刘晓燕 . 楼盘宣传虚不虚沙盘模型说了算 [N]. 人民法院报 ,2009-04-15.

[27] 陈俊侠 . 法国这样调控房地产市场 [N]. 中国国土资源报 ,2005-08-11.

[28] 陈俊侠 . 法国：廉租房政策是最有效的手段 [J]. 中国地产市场 ,2006.

[29] 陈俊侠 . 法国：高税收防止房地产投机 [N]. 中国税务报 ,2006-06-14.

[30] 王春华 . 西方国家廉租房制度扫描 [J]. 上海房地 ,2008.

[31] 魏雅华 . 环顾世界：怎样平抑过高的房价？[J]. 经济导刊 ,2006.

[32] 王松涛 , 刘洪玉 , 李真 . 韩国住房市场中的政府干预 [J]. 城市问题 ,2009.

[33] 陈一鸣 , 莽九晨 , 崔寅 , 刘华新 , 李潇 . 房产征税兼顾稳定和公平 [J]. 广西城镇建设 ,2010.

[34] 管克江 , 刘华新 , 李潇 . 居者有其屋 , 各国有高招 [N]. 民主与法制

时报, 2010-05-10.

[35] 王旭, 李佳鹏. 物业税开征之路仍然漫长 [N]. 经济参考报, 2005-12-12.

[36] 周国信. 国外物业租赁课税借鉴 [J]. 中国房地信息, 2004.

[37] 陈梦娇. 西班牙楼市趋稳中国可借鉴什么 [N]. 中国商报, 2010-10-26.

[38] 金三林. 社会公平应成为房地产市场调控的首要目标 [N]. 中国经济时报, 2006-06-09.

[39] 金三林. 房地产市场调控应 "公平优先, 兼顾效率" [J]. 中国社会导刊, 2006.

[40] 金三林. 房地产市场调控应处理好公平与效率的关系 [N]. 中国税务报, 2006-06-21.

[41] 陈则明. 追求效率和公平的平衡点 [N]. 中国房地产报, 2007-03-19.

[42] 周雪松. 专家: 财政不能依赖房地产 政府应保障居民基本住房需求 [N]. 中国经济时报, 2009-04-23.

[43] 余凯. 论我国房地产宏观调控的长效机制的构建 [J]. 城市发展研究, 2008.

[44] 蔡金水. 汲取美国次贷危机的教训改革我国房地产开发模式 [J]. 北京房地产, 2009.

[45] 刘青. 2005 年房地产市场形势分析与 2006 年展望 [J]. 城市开发, 2006, 2:18—20.

[46] 陈燕. "福利国家" 英国的住房政策 [J]. 城市开发, 2003, 3:28—30.

[47] 汪利娜, 殷剑峰. 2005 年房地产业热点解读. 中国金融, 2006, 3:31—34.

[48] 陈丹. 2005 年 房地产政策九大看点. 中国房地产金融, 2005, 5:29—30.

[49] 任兴洲, 廖英敏. 2006 年房地产市场回顾与 2007 年展望 [J]. 中国物价, 2007, 2:55-58.

[50] 董藩. 2006 年房地产市场十大预测 [J]. 房地产导刊, 2006, Z2:38—39.

[51] 陈柳钦. 2010 年房地产调控七大重点 [J]. 价格与市场, 2010, 8:12—15.

[52] 孟迪宇. 城市土地一级市场预警系统模型及其应用研究——以北京市居住用地一级市场为例 [D]. 北京: 首都经济贸易大学, 2008.

[53] 曹福明. 从两次信贷调控——看金融政策对房地产市场的影响 [J]. 浙江经济, 2005, 15:52—53.

[54] 余芬. 从招拍挂制度看房价与地价的关系 [J]. 金融经济, 2009, 12:31—32.

[55] 黄小虎. 当前房地产业的问题、原因与发展趋势 [J]. 中国土地, 2006, 2:9—10.

[56] 廖俊平. 当前我国房地产市场过热的原因和调控效果分析 [J]. 中国房地产, 2010, 7:10—11.

[57] 孔美龄, 王建军. 当前我国房地产市场调控中的问题及对策研究 [J]. 四川教育学院学报, 2006, 22 (11):8—10.

[58] 孙令军. 德国住房保障和住房金融的借鉴与启示 [J]. 中国房地产, 2006, 9:78—80.

[59] 周林洁. 德国住房保障制度值得借鉴 [J]. 城市开发, 2003, 6:22—24.

[60] 王彬, 石浩. 德国住房储蓄模式对我国公积金运作的启示 [J]. 西部财会, 2004, 6:56—57.

[61] 周家高. 德国住房政策及改革 [J]. 中外房地产导报, 2003, 15:36—37.

[62] 徐利. 对房地产市场调控政策的反思 [J]. 财政研究, 2010, 10:12—15.

[63] 冯冰. 对国家房价调控失效问题的探讨 [J]. 现代商业, 2007, 29:229—230.

[64] 陈俊侠. 法国:廉租房政策是最有效的手段 [J]. 中国地产市场, 2006, 7.

[65] 张睿. 法国的房地产税收及其借鉴 [J]. 中国房地产, 2007, 3:79—80.

[66] 吴文君. 法国房地产市场的历史及现状 [J]. 中国房地产, 2008, 6:79—80.

[67] 况伟大. 房地产投资、房地产信贷与中国经济增长 [J]. 经济理论与经济管理, 2011, 1:59—68.

[68] 许承明. 房地产信贷政策与房地产价格泡沫 [J]. 产业经济研究, 2005, 5:43—50.

[69] 张涨铭. 房地产政策调整歧见讨论 [J]. 中国房地产, 2009, 3:6—8.

[70] 宋勃, 刘建江. 房价与地价关系的理论分析与中国经验的实证检验:1998—2007 [J]. 中央财经大学学报, 2009, 9:60—66.

[71] 油永华. 房价与地价关系的实证分析 —— 基于山东省 2001—2005 年

数据的检验 [J]. 河北科技大学学报（社会科学版），2007, 4:34—37.

[72] 宋勃，高波. 房价与地价关系的因果检验：1998—2006[J]. 当代经济科学，2007, 29(1)：72—77.

[73] 王岳龙，武鹏. 房价与地价关系的再检验 —— 来自中国 28 个省的面板数据 [J]. 南开经济研究，2009, 4:131—143.

[74] 王岳龙. 房价与地价关系的再审视 —— 基于土地招拍挂制度的一个博弈论解释 [J]. 学习与实践，2010, 1:22—29.

[75] 刘韵凤，李惠英. 房价与地价关系分析 [J]. 吉林省经济管理干部学院学报，2010, 24(2)：38—40.

[76] 刘丽. 房价与地价关系实证研究 —— 基于我国 1999—2008 年的经验证据 [J]. 价格理论与实践，2009, 4:60—61.

[77] 程大涛. 房价与地价关系新解：土地重置成本决定房地产价格 [J]. 价格理论与实践，2009, 6:32—33.

[78] 周杰. 非对称信息下房地产市场博弈问题研究 [D]. 成都：西南交通大学，2006.

[79] 李明月，胡竹枝. 分权体制下的中央政府土地收益分享安排 [J]. 财经论丛（浙江财经学院学报），2005, 2:62—65.

[80] 李松龄，栾晓平. 公平与效率的理论综述 [J]. 山东社会科学，2003, 4:27—32.

[81] 杨志银. 关于税收政策引导房地产市场消费的探讨 [J]. 商业时代，2010, 18:79—80.

[82] 陈志平. 关于我国房地产市场调控的几个问题 [J]. 内蒙古财经学院学报，2010, 2:9—13.

[83] 郭益凤. 国外土地政策研究的新变化 [J]. 东北农业大学学报（社会科学版），2008, 3:12—13.

[84] 韩耶莉. 韩国房地产项目融资证券化及其对中国的启示 [J]. 理论月刊，2011, 2:153—155.

[85] 王松涛，刘洪玉，李真. 韩国住房市场中的政府干预 [J]. 城市问题，2009, 3:82—89

[86] 朱旭光. 和谐制度理论分析模型与公共政策运行失效现象分

析——以 2005 年房地产市场宏观调控政策的运行为例 [J]. 湖北经济学院学报,2007,4:90—95.

[87] 韩建君. 宏观经济金融政策对房地产市场的影响 [J]. 中国房地信息,2009,9:47—49.

[88] 杨霄,孙平. 回顾历史:日本房地产泡沫危机带给我们的启示 [J]. 金融经济,2008,18:23—24.

[89] 王羽,郑强. 基于 IS — LM 模型的货币政策对房地产市场的影响分析 [J]. 重庆工商大学学报,2005,15(S1).

[90] 陈云萍. 基于层次分析法的公共政策效果评估——以阜新市经济转型试点政策为例 [J]. 云南财经大学学报,2009,1:133—140.

[91] 黄静,屠梅. 基于非平稳面板计量的中国城市房价与地价关系实证分析 [J]. 统计研究,2009,26(7):13—19.

[92] 李国敏. 基于模糊层次分析法的房地产投资风险决策研究 [J]. 项目管理技术,2006,8:29—32.

[93] 陈震. 基于向量自回归模型对房价与地价关系的实证分析——以上海市为例 [J]. 经济视角(下),2011,1:6—8.

[94] 王海鸿,李田. 基于政企关系视角的房地产市场中政府寻租问题研究 [J]. 经济体制改革,2010,2:149—152.

[95] 王岳龙,张瑜. 基于中国省级面板数据的房价与地价关系研究 [J]. 山西财经大学学报,2010,32(1):50—57.

[96] 蒋军成,赵志明. 基于中央与地方政府博弈分析的土地政策优化方略 [J]. 中南财经政法大学研究生学报,2009,1:89—107.

[97] 纪尽善. 加快中国住房制度创新步伐——德国住房制度考察启示 [J]. 经济界,2007,6:42—47.

[98] 谢家瑾. 当前房地产市场形势与走向 [J]. 城市开发,2005,6:10—12.

[99] 李翔,山世英,郑培亮,沈子龙. 近年来中国土地政策调控效果评价 [J]. 中国土地科学,2009,23(4):18—22.

[100] 沈洪溥,陈玉京. 近期美国房地产市场的基本特征和走势 [J]. 宏观经济研究,2007,6:51—57.

[101] 朱亚兵. 经济适用房的性质及其制度设计研究 [J]. 技术经济与管理

研究, 2010, 1:102—108.

[102] 孙宁华. 经济转型时期中央政府与地方政府的经济博弈 [J]. 管理世界, 2001, 3:35—43.

[103] 郭眉扬. 美国房地产次贷危机及其警示 [J]. 河南社会科学, 2008, 16(2):72—74.

[104] 李国学. 美国房地产价格变动趋势及其经济效应分析 [J]. 国际经济评论, 2006, 6:39—43.

[105] 陈洪波. 美国房地产金融政策及对中国的启示 [J]. 中国房地产金融, 2006, 2:22—26.

[106] 易宪容. 美国房地产救市对中国的启示 [J]. 沪港经济, 2009, 4:18.

[107] 葛瑛. 美国房地产市场及房地产金融发展的历史回顾 [J]. 浙江金融, 2011, 1:73—76.

[108] 李蕴, 朱雨可. 美国房地产税收体制对我国的启示 [J]. 中国房地产金融, 2003, 12:43—45.

[109] 伍冠玲. 美国房地产税制及启示 [J]. 上海房地, 2010, 9:46—47.

[110] 陈柳钦. 美国房地产投资信托基金的发展及其对我国的启示 [J]. 山东财政学院学报, 2005, 1:32—36.

[111] 张丽亚. 美国房地产投资信托基金的发展及其借鉴 [J]. 新疆金融, 2007, 5:34—36.

[112] 宋雷. 美国房地产投资信托基金的发展状况及其借鉴意义 [J]. 中国房地产, 2005, 3:75—77.

[113] 美国房地产业开始调整并将影响全球经济 [J]. 中外房地产导报, 2006, 1:77.

[114] 贾生华, 窦军生. 美国房地产周期波动规律及其启示 [J]. 中国房地产, 2010, 3:39—43.

[115] 刘晓君, 刘云. 拍卖出让土地使用权的博弈分析 [J]. 统计与决策, 2005, 2:52—53.

[116] 陈一雄. 破译房地产调控失效"密码"[J]. 中国房地产金融, 2006, 7:39—40.

[117] 邵谦谦, 王洪. 日本房地产泡沫的成因分析及对我国的经验借鉴 [J].

中国房地产金融,2003,5:42—46.

[118]秦德安.日本房地产泡沫时代的税制改革及对我国的启示[J].中国房地产金融,2006,11:46—48.

[119]陈露露,高伟.日本房地产市场掠影[J].中外房地产导报,2003,2:3—37.

[120]张铁军.日本房地产税制及其成功经验[J].中外房地产导报,1997,13.

[121]康玲,骆晓红,艾利刚.如何看待深圳小产权房——兼论土地一级市场存在的问题[J].中国房地产,2009,9:39-41.

[122]杨媛,鲍夏梦.上海房价与地价关系的实证考察[J].商业时代,2010,20:139-140.

[123]刘莹.试论土地政策参与宏观调控[J].管理观察,2009,13:28-29.

[124]魏彧.税收政策对房地产投资的影响[J].人民论坛,2010,2:108—109.

[125]邓建勋,周怡.税收政策调控房地产价格的经济学分析[J].价格理论与实践,2008,5:68—69.

[126]刘文贤.谈谈日本土地制度[J].北京房地产,2006,3:105—107.

[127]任志强.调控失效根源在市场环节人为割裂[J].北方经济,2006,11:21.

[128]张素兰,严金明.土地利用规划视角下土地政策参与宏观调控的作用机制[J].经济体制改革,2009,4:56—59.

[129]冯邦彦,刘明.我国房价与地价关系的实证研究[J].统计与决策,2006,4:72—74

[130]蒲勇健,龚文娟.我国货币政策对房地产市场影响的非对称性研究[J].统计与决策,2007,5:117—118.

[131]姜茜.我国货币政策对房地产市场影响的效应分析[J].重庆工学院学报,2005,19(12):67—69.

[132]黄朴,许玉瀛.我国近期货币政策对房地产市场的影响分析[J].价格理论与实践,2009,12:63—64.

[133]雷振华.现行税收政策下房地产企业的节税点[J].合作经济与科技,2010,24:92—94.

[134] 赵德和. 新加坡房地产管理的启示 [J]. 上海房地, 2006, 6: 60—63.

[135] 周亮华, 林锦辉. 新加坡房地产投资信托基金 [J]. 上海房地, 2007, 6: 60—62.

[136] 陈睿. 新时期下土地一级市场基准地价研究 [D]. 西安: 西安建筑科技大学, 2007. 张敏. 信贷政策对房地产市场影响的实证研究——以昆明市为例 [D]. 昆明: 云南财经大学, 2009.

[137] 周义. 英国的房地产市场与住房政策及其启示 [J]. 学术研究, 2003, 6: 37—39.

[138] 汪文雄, 李进涛. 英国的住房政策实践及启示 [J]. 城市问题, 2010, 3: 87—92.

[139] 余翔. 英国房地产市场运行的法律环境 [J]. 中外房地产导报, 2001, 4: 31—32.

[140] 潘臻肇. 英国住房政策对发展我国住房租赁市场的启示 [J]. 武汉建设, 2010, 1: 18—19.

[141] 孟祥仲. 英国住房政策改革给我们的启迪 [J]. 世界经济情况, 2007, 12: 1—4.

[142] 孟国鸿. 运用税收政策调控房地产业健康发展的对策 [J]. 中国房地产金融, 2005, 7: 23—26.

[143] 张泓铭. 增加供给是稳定短中期 [J]. 中国房地产, 2007, 4: 6—7.

[144] 方毅, 赵杨, 高丹. 中国房价与地价的关系研究 [J]. 统计与信息论坛, 2009, 24 (6): 83—88.

[145] 吕光明, 李彬. 中国房价与地价关系的多用途视角研究 [J]. 城市发展研究, 2009, 5: 97—107.

[146] 张换兆. 中国土地政策有效性研究——基于土地供应的实证分析 [J]. 制度经济学研究, 2010, 2: 116—137.

[147] 中国新加坡房地产融资高峰论坛盛大开幕 [J]. 中国房地产金融, 2007, 2: 30.

[148] 张宇, 吴璟, 刘洪玉. 中国住房信贷政策对城市住房价格的影响 [J]. 清华大学学报 (自然科学版), 2010, 3: 466—469.

[149] 陈杰. 中外住房公积金制度之比较 [J]. 上海房地, 2010, 9: 49.

[150] 刘洪玉. 住房市场调控应注意几个问题 [J]. 中国金融, 2010, 14:58—59.

[151] 谭政勋, 王聪. 房价波动、货币政策立场识别及其反应研究 [J]. 经济研究, 2015, 50(01):67—83.

[152] 徐忠, 张雪春, 邹传伟. 房价、通货膨胀与货币政策——基于中国数据的研究 [J]. 金融研究, 2012(06):1—12.

[153] 沈悦, 周奎省, 李善燊. 利率影响房价的有效性分析——基于 FAVAR 模型 [J]. 经济科学, 2011(01):60—69.

[154] 况伟大. 利率对房价的影响 [J]. 世界经济, 2010, 33(04):134—145.

[155] 余华义, 陈东. 中国地价、利率与房价的关联性研究 [J]. 经济评论, 2009(04):41-49+88.

[156] Brooks, C and S. Tsolacos. The Impact of Economic and Financial Factors on UK Property Performance[J]. *Journal of Property Research*, 1999, 16:2, 139—52.

[157] Devaney, M. Time-varying Risk Premia For Real Estate Investment Trusts: A GARCH-M Model[J]. *The Quarterly Review of Economic and Finance*, 2001, 41, 335—46.

[158] Hansen, L. P.. Large Sample Properties of Generalized Methods of Moments[J]. *Econometrica*, 1982, 50, 1029—55.

[159] Hansen, B. E. and K. D. West. Generalized Method of Moments and Macroeconomics[J]. *Journal of Business and Economic Statistics*, 2002, 20:4, 460—69.

[160] Jaganathan, R. and G Skoulakis. Generalized Method of Moments: Applications in Finance[J]. *Journal of Business and Economic Statistics*, 2002, 20:4, 470—81.

[161] Karolyi, G. A. and A. B. Sanders. The Variation of Economic Risk Premiums in Real Estate Returns[J]. *Journal of Real Estate Finance and Economics*, 1998, 15:3, 245—62.

[162] Liow, K. H.. the Dynamics of the Singapore Commercial Property Market[J]. *Journal of Property Research*, 2000, 17:4, 279—91.

[163] Ling, D. C. and A. Naranjo. Economic Risk Factors and

Commercial Real Estate Returns[J].*Journal of Real Estate Finance and Economics*, 1997, 14:3, 283—307.

[164]Liu, C. and J. Mei. The Predictability of Returns on Equity REITs and their Co-movements with other Assets[J].*Journal of Real Estate Finance and Economics*, 1992, 5, 401—18.

[165]McCue, T. E. and J. L. Kling. Real Estate Returns and the Macroeconomics: Some Empirical Evidence From Real Estate Investment Trust Data: 1972—1991[J].*Journal of Real Estate Research*, 1994, 9:3, 277—87.

[166]Mei, J. P. and J. W. Hu . Conditional Risk Premiums of Asian Real Estate Stocks[J].*Journal of Real Estate Finance and Economics*, 2000, 21:3, 297—313.

[167]Mueller, G. and K. Pauley. The Effect of Interest Rate Movement on Real Estate Investment Trusts[J].*Journal of Real Estate Research*, 1995, 10:3, 319—25.

[168]Swanson, Z. , J. Theis and K. Casey. REIT Risk Premium Sensitivity and Interest Rates[J].*Journal of Real Estate Finance and Economics*, 2002, 24:3, 319—30.

[169]Karl E. Case, Edward L. Glaeser and Jonathan A. Parker. Real Estate and the Macroeconomic[J].*Brookings Papers on Economic Activity*, 2000, 2: 119—162.

[170]Clayton, J im. 1997. AreH ouse PriceC ycles Drivenb y Irrational Expectations?[J].*Journal of Real Estate Finance and Economics*, 14(3): 341—63.

[171]Lamont，Owen, and Jeremy C. Stein. 1999. Leverage and House-Price Dynamics in U. S. Cities[J].*RAND Journal of Economics 30*(3): 498—514.

[172]Paxson, Christina. 1996. Saving and Growth: Evidence From Micro Data. Euro-pean Economic Review 40(2): 255—88. [95] Poterba, James M. 2000. Stock Market Wealth and Consumption[J].

Journal of Economic Perspectives 14(2): 99—118.

[173]Quadrini, Vincenzo. 2000. Entrepreneurship, Saving, and Social Mobility[J]. *Review of Economic Dynamics*, 3(1): 1—40.

[174]Skinner, Jonathan S. 1996. *Is Housing Wealth a Sideshow? In Advances in the Economics of Aging*[B], edited by David A. Wise. University of Chicago Press.

[175]Tracy, Joseph, Henry Schneider, and Sewin Chan. 1999. Are Stocks Overtaking Real Estate in Household Portfolios?[J]. *Federal Reserve Bank of New York Cur-rent Issues in Economics and Finance* 5(5): 1—6.

[176]Miles, Mike, and Nancy Tolleson. 1997. A Revised Look at How Real Estate Compares with Other Major Components of Domestic Investment Universe[J]. *Real Estate Finance (spring)*.

[177]Moscovitch, Edward. 1990. The Downturn in the New England Economy. What Lies behind It?[J]. *New England Economic Review*, 1999: 53-65.

[178]Charles Collyns, A. Senhadji Seml. lending booms, real estate bubbles and the Asian crisis [D], International monetary Fund, 2002, 1-40.

[179]Bertrand Renaud, The 1985 to 1994 global real estate cycle: an overview[J]. Journal of real estate literature, 1997, 5:13—44.

[180]Jenniffer Solomon, William McCluskey, Commercial mortgage backed securities: resurgence or demise?[J]. *Journal of Property Inve stment&Finance*, 2010, 28(6):398—419.

[181]Ming-Long Lee, Kevin Chiang. Long-run price behaviour of equity REITs: become more like common stocks after the early 1990s?[J]. *Journal of Property Investment &Finance*, 2010, 28 (6):454—465.

[182]Joe peek and eric s. rosengren, Collateral Damage: Effects of the Japanese Bank Crisis on Real Activity in the United States [J], *The American economic review*, 2000, 90(1):30—44.

[183]Christopher hood, A Public Management For All Seansons? [J]. *Public Administration*, 1991, 69:3-19.

[184]Masakatsu Akino and Yujiro Hayam, Efficiency and Equity in Public Research: Rice Breeding in Japan's Economic Development: Comment [J]. *American Journal of Agricultural Economics*, 1975, 57(1):1-10.

[185]Castles, F. G. (ed.). *The comparative history of public policy* [B]. 1989, Cambridge: polity.

[186]Hong Zhang. Effects of urban land supply policy on real estate in china: an econometric analysis[J]. *Journal of real estate literature*, 2008, 16(1):55—72.

[187]Barlow, J. Controllitig the Housing Market: Some Examples From Europe[J]. Urban Studies, 1993, 30, 1129—49.

[188]Peng, R. and W. C. Wheaton. Effects of Restrictive Land Supply on Housing in Hong Kong:An Econometric Analysis[J]. *Joumal of Housing Research*, 1994, 5(2):263-291.

[189]Tse, R. Y. C. Housing Price, Land Supply and Revenue From Land Sale[J]. *Urban Studies*, 1998, 35(8):1377-1392.

[190]Michael Harloe, *the people's home? Social rented housing in Europe&America* [B], Cambridge, Massachusetts, 1995.

[191]Ali F. darrat, John L. Glascock, on the real estate market efficiency[J]. *Journal of real estate Finance and economics*, 1993, 7:55—7.

[192]Chengri Ding, Land policy reform in China: assessment and prospects[J]*Land Use Policy*, 2003, 20(2):109-120.

[193]Yukio Noguchi and James Poterba, *housing markets in the U. S. and Japan*[C], 1991, January 3-4, University of Chicago Press.

[194]Huang, Fu Lai, *Technological support system For macro-control of Shenzhen real estate market*[D], Hong Kong Polytechnic University, 2006.

[195]Songtao Wang,Zan Yang, Hongyu Liu,Impact of urban economic openness on real estate prices: Evidence From thirty-Five cities in China[J].*China Economic Review*,2011,22(1):42-54.

[196]Sun Sheng Han,Global city making in Singapore: a real estate perspective,Progress in Planning [J],2005,64(2):69—175.

[197]Hong Zhang. Effects of Urban Land Supply Policy on Real Estate in China: An Econometric Analysis[J].*Journal of Real Estate Literature*,2008,16(1):55—72.

[198]Lee,Stephen; Stevenson,Simon. Empirical evidence on the micro and macro forecasting ability of real estate Funds[J].*Journal of Property Research*,2003,20(3):207—234.

[199]Chiang,Coc Meng. Government Intervention in Housing: The Case of Macao,Housing Studies [J],2005,20(1):149—155.

[200]Pyhrrn,Stephen A.; Roulac,Stephen E.; Born,Waldo L.. Real Estate Cycles and Their Strategic Implications For Investors and Portfolio Managers in the Global Economy[J].*Journal of Real Estate Research*,1999,18(1):7—62.

[201]Smith,V. Kerry; Russell,Clifford S.. The Selection of macro policy instruments over time[J].*Australian Economic Papers*,1975,14(24):120.

[202]Tien-Foo Sing,I-Chun Tsai,Ming-Chi Chen. Price dynamics in public and private housing markets in Singapore[J].*Journal of Housing Economics*,2006,15(4):305—320.

[203]Liu Hongyu,Shen Yue. Housing Prices and General Economic Conditions: An Analysis of Chinese New Dwelling Market[J].*Tsinghua Science & Technology*,2005,10(3):334—343.

[204]Kavita Datta,Gareth A. Jones. Housing and Finance in developing countries: invisible issues on research and policy agendas[J].*Habitat International*,2001,25(3):333—357.